Buongiorno,

»Alle Städte sind gleich, nur Venedig ist ein bissl anders«, meint der österreichische Schriftsteller Friedrich Torberg. Nein! Venedig ist nicht nur ein bisschen anders, es ist ganz anders, es ist einzigartig!

VENEDIG IST EINZIGARTIG

Mein letzter Besuch in der Lagunenstadt liegt schon eine Weile zurück. Nicht verwunderlich also, dass mich bei der Bearbeitung dieses DuMont Bildatlas eine unbändige Lust überkommen hat, der Serenissima, wie die Einheimischen ihre Stadt ehrfurchtsvoll nennen, erneut einen Besuch abzustatten. Dabei werde ich den Markusplatz und das Viertel San Marco natürlich nicht auslassen. Aber mich interessieren viel mehr die anderen Sestieri: Cannaregio, Castello, Dorsoduro, San Polo und Santa Croce. Die Viertel, die die meisten Touristen, die nur einen Tag in Venedig zubringen, gar nicht sehen. Es muss herrlich sein, ziellos durch das Gassengewirr zu streifen, mehr zufällig eine kleine Kirche mit kostbaren Kunstwerken zu betreten, einen Markt zu entdecken, auf dem fast nur Einheimische einkaufen, oder in einer Werkstatt zuzuschauen, wie ausgefallene Souvenirs produziert werden. Und kann es abends etwas Schöneres geben, als den Sonnenuntergang in einer Bar in Dorsoduro zu erleben – mit Blick auf die Silhouette Venedigs?

Der Wiener Fotograf Toni Anzenberger mit dem Glasbläserteam der Werkstatt von Massimiliano Schiavon auf Murano. Fließendes Italienisch hilft natürlich bei der Kommunikation.

VIELE TIPPS FÜR TOLLE ERLEBNISSE

Übrigens waren für die Recherche zu diesem Bildatlas die Autorin Rita Henss und der Fotograf Toni Anzenberger teils gemeinsam unterwegs. So entstanden zu fast jedem Tipp, den Rita Henss recherchierte, gleich die entsprechenden Bilder. Freuen Sie sich auf viele neue Eindrücke – auch wenn Sie Venedig und Venetien bereits kennen.
Herzlich

Ihre

Birgit Borowski

Birgit Borowski
Redaktion DuMont Bildatlas

Irgendwo müssen die guten Tipps ja herkommen, da hilft nur zuhören und ausprobieren: Rita Henss, Buchautorin und Reisejournalistin, hier im Gespräch mit Oreste Dal Zovo, dem Inhaber der gleichnamigen Enoteca in Verona.

50 Weltweit einzigartig ist die Bootsform der Gondeln, lang und schmal eignet sie sich für enge seichte Kanäle.

22 Der Markusplatz mit Basilica San Marco und Campanile ist das Herz der Stadt.

72

In Verona dreht sich alles um die Arena und um Opernarien.

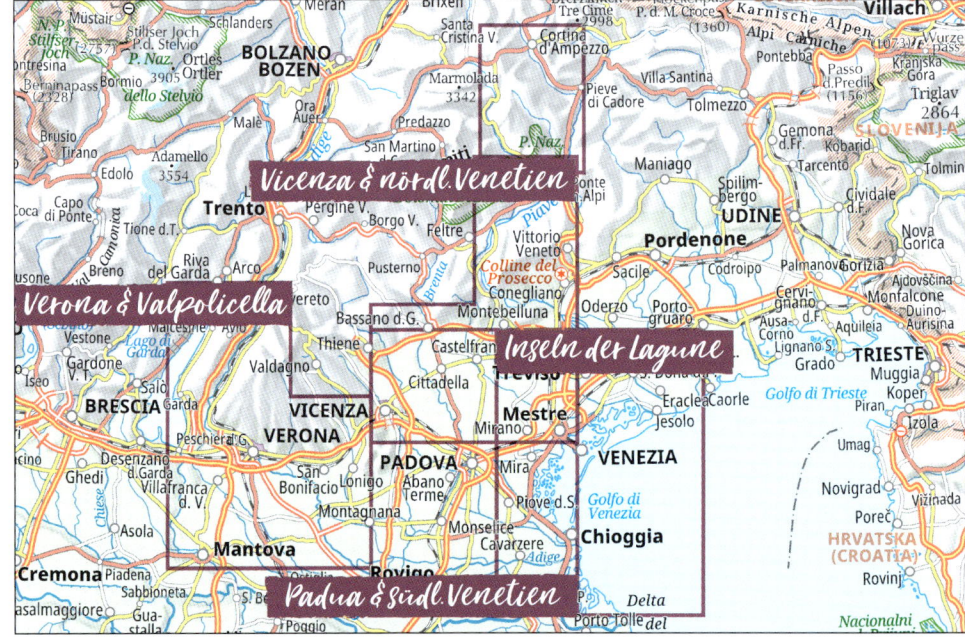

Unsere Favoriten

Stylisch schlummern ...
... oder fast familiär – Tipps für außergewöhnliche Hotels.

Apéro mit Aussicht
Bars für den Aperitif – eigentlich möchte man gar nicht mehr gehen.

Von mystisch bis kunstvoll
Die schönsten Parks des Veneto.

Das Beste erleben

Berührend, aufregend und spannend ...
sind unsere Ideen, die wir für Ihren Aufenthalt
in Venedig und Venetien zusammengetragen haben.

Große Kunst

* 1 *
PIAZZA SAN MARCO

Den vielleicht schönsten Platz Europas mit
Basilica San Marco und Palazzo Ducale muss
man einfach zu jeder Tageszeit besuchen.
Seite 37

* 2 *
PALLADIOS BAUTEN

Vicenza ist die Stadt Palladios, aber auch im
Umland sind tolle Villen zu entdecken.
Seite 99

Reiner Genuss

* 3 *
CANAL GRANDE

Mit dem Boot durch Venedig – am Bacino di
San Marco beginnt eine einmalige Schaustrecke
venezianischer Baukunst.
Seite 38

* 4 *
GIUDECCA AM ABEND

Sonnenuntergang mit Prosecco oder Spritz und
dem Blick auf die Silhouette Venedigs. Das ist
kaum zu toppen!
Seite 56

* 5 *
MERCATO DI RIALTO

Ein Fest für die Sinne ist der Besuch des Rialto-
Marktes – und über die nahe Rialto-Brücke muss
man natürlich auch schlendern.
Seite 57

Frischer Schwung

* 6 *
RUDERN IN DER LAGUNE

Stehend wie ein Gondoliere Venedigs Gewässer
erobern – eine tolle Form der Fortbewegung.
Seite 71

* 7 *
BIKEN IM VALPOLICELLA

Das Weinbaugebiet lädt ein zu Fahrten von Weingut zu Weingut und zu herrlichen Radtouren.
Seite 87

* 8 *
WANDERN IN DEN DOLOMITEN

Das MMM Dolomiti von Reinhold Messner
beleuchtet die Erschließung der Dolomiten.
Man erreicht es nach einstündigem Fußmarsch.
Seite 100

Fantastisches Erleben

* 9 *
MURANO: INSEL DER GLASBLÄSER

Seit über tausend Jahren wird auf der Lagunen-
insel Glas geblasen. In mehreren fornaci kann
man sich anschauen, wie die gläsernen Kunstwerke entstehen.
Seite 69

* 10 *
STRANDLEBEN IN CHIOGGIA

Sechs Kilometer Sand plus ein schmaler Damm:
genügend Platz zum Flanieren, Joggen, Sonnenbaden.
Seite 71

* 11 *
ARENA IN VERONA

Ein Opernabend in der Arena ist ein musik-
erfüllter Sommernachtstraum.
Seite 85

* 12 *
BOOTSTOUR AUF DER BRENTA

Entlang der Riviera del Brenta reiht sich
eine prächtige Villa an die andere. Am besten
erkundet man sie bei einer Bootstour.
Seite 113

DIE SCHÖNSTE STRASSE DER WELT?

Prächtige Palazzi säumen den Canal Grande, die bedeutendste von Venedigs Wasserstraßen. Knapp 5 km lang und 30–70 m breit zieht er sich als großes S vom Hauptbahnhof bis zum Markusplatz. Insgesamt soll es in der Serenissima 175 Kanäle geben und 400 Brücken, um sie zu überqueren.

DER STOLZ DER SERENISSIMA

Für die Venezianer ist der Markusplatz nur schlicht »La Piazza« – alle anderen Plätze in Venedig heißen entweder Campo oder Campiello. Um den besonderen Zauber des Markusplatzes zu erleben, sollten Sie ihn zu allen Tageszeiten besuchen, frühmorgens, wenn die Sonne über der Lagune aufgeht, nachmittags wenn ihr Licht die Fassaden leuchten lässt oder abends, wenn die Illumination für eine besondere Magie sorgt.

SPIEL DER MASKEN

Im 18. Jahrhundert kostümierte man sich gern in den Rollen der Commedia dell'Arte, ging als Pantalone oder Pulcinella oder Harlekin. Aus der Anfertigung der Masken entwickelte sich ein ganzer Wirtschaftszweig. Noch heute gibt es Werkstätten, in denen kunstvolle Masken produziert werden, wenngleich auch vieles billig in Fernost hergestellt wird. Egal wo die Masken herkommen, sie werden würdig vor dem Dogenpalast präsentiert.

GUTE WEINE

Im Hügelland nördlich von Verona erstreckt sich das Weinanbaugebiet Valpolicella (hier vor dem Weingut Tenute Ugolini bei San Pietro in Cariano). Valpolicella heißt auch der hauptsächlich hier hergestellte Rotwein. Es ist ein Cuvée aus meist drei verschiedenen Traubensorten. In der Regel liefert die Corvina-Traube zwei Drittel der Menge, sie gibt dem Wein »Körper«.

WANDERGLÜCK

Auch das ist Venetien: Die einsame Bergwelt bei
Cortina d'Ampezzo. Südlich der Ortschaft liegt der
Lago Federa, ein stiller Bergsee in 2038 m Höhe,
den man nur zu Fuß erreicht. Der Wasserspiegel des
Sees bleibt das ganze Jahr über konstant dank einer
Quelle im See.

EINFACH GENIESSEN

Den eigentlichen Mittelpunkt von Padua bilden die
Piazza della Frutta und die Piazza dell'Erbe. Zwischen
beiden Plätzen erhebt sich der Palazzo della Ragione.
Die Arkaden des eigentlich als Gerichtssitz erbauten
Palastes bieten Platz für Cafés und Restaurants. Hier
kann man herrlich den Tag ausklingen lassen.

Besondere Unterkünfte

LUXURIÖS ODER LIEBER FAMILIÄR?

Ob im hochherrschaftlichen Renaissancepalast oder einem Boutiquehotel voll schöner Sammlerstücke aus der italienischen Designgeschichte, im Privatzimmer eines Palazzo mit verstecktem Garten oder in einem Lärchenholz-Fass am Hang eines Rebhügels: das Veneto bietet eine Fülle charmanter Unterkünfte, in seinen Städten wie mitten in der Natur.

1

IL PALAZZO EXPERIMENTAL

Junges italienisches Design erwartet den Gast in den ehrwürdigen Mauern des einstigen Palazzo Molin, in dem zunächst der Schweizer Großmühlen-Besitzer Giovanni Stucky logierte. Cristina Celestino kombiniert in der Bar des Palastes unkonventionell diverse Marmorarten mit antiken Spiegeln; im Restaurant dominiert maritimes Flair in Blau-Weiß, und die 32 Zimmer nehmen die in der Stadt allgegenwärtigen Rundungen der Bogengänge und Fenster als Silhouette in diversen Facetten auf. Zum rückwärtigen Rio Ognisante gibt es zudem einen kleinen Garten.

Dorsoduro, Venedig
Tel: 0039 041 098 02 00
www.palazzoexpe
rimental.com

2

CA' NIGRA

Klassische Eleganz, mal opulent in Rot und Gold, mit Stuck und Murano-Lüster, mal dezent in Blau und Weiß, dominiert die 22 Zimmer und Suiten dieses romantischen Hotels mit seinem Garten direkt am Canal Grande. Ein zweites Grünareal mit filigranem Pavillon liegt versteckt hinter dem schmalen Eingangsportal zu dem Renaissance-Palast. Herrliche Bodenmosaike und originale Wanddekorationen paaren sich in seinem Innern mit historischem Porzellan und asiatischen Plastiken. Ein echtes Hideaway – nur ein paar Schritte entfernt vom Bahnhof Santa Lucia.

Santa Croce, Venedig
Tel. 0039 041 524 27 90
www.hotelcanigra.com

3

HOTEL TRIESTE

Unscheinbar von außen, doch schon in der Lobby stylish möbliert: Andrea, der junge Inhaber des seit langem in Familienbesitz befindlichen Boutiquehotels nur wenige Gehminuten von der Arena di Verona entfernt hat vor gut zehn Jahren begonnen, Kunst und Design zu sammeln, um »ein Museum zu kreieren, in dem man wohnen kann«. Mehr als neunzig Prozent der »Exponate«, die auch die 21 Zimmer und den kleinen Frühstücksraum zieren, sind italienischen Ursprungs; seien es Sessel, Lampen, Regale oder Werbeplakate. Andrea hat aber nicht nur eine Passion für schöne Dinge, wie er selber sagt, sondern auch für Menschen – sodass man ihn oft bei einem Plausch mit Gästen auf einem der farbenfrohen Sofas in der Eingangshalle trifft. Ergänzend zu all dem Augenschmaus bietet das Trieste auch noch Tiefgaragen-Stellplätze.

**Corso Porta Nuova 57
Verona
Tel. 0039 045 832 83 60
www.hotel-trieste.it**

4

B&B PORTICO ROSSO

Lucia Camposilvano hat ihrem Leben bislang zweimal eine entscheidende Wendung gegeben. Die eine führte sie in die Fremde, zu hilfsbedürftigen Menschen. Die zweite in einen von außen unscheinbaren kleinen Palazzo in einem Arkadensträßchen von Vicenza. Dort, im 600 Jahre alten, mit Originalmaterialien wieder hergerichteten Domizil ihrer Familie hat sie im ersten Stock zwei charmante Gästezimmer eingerichtet – deren Bewohner sich auch auf ein opulentes und gesundes Frühstück im Garten freuen dürfen.

**Contrà San Rocco 28
Vicenza
Tel. 0039 044 432 38 26 und
0039 348 084 77 14
https://www.porticorosso.it**

5

LA VIGNA DI SARAH

La luna, der Mond, spielt eine wichtige Rolle im Leben von Sarah Dei Tos. Denn das Haus ihrer Familie steht auf dem Col de Luna – und auch ihren ersten Prosecco widmete die junge Bio-Winzerin vor gut zehn Jahren dem besonderen Himmelsgestirn; die Trauben wurden in einer Vollmondnacht geerntet. Lunotte heißen schließlich auch die beiden großen, mit Doppelbett und Duschbad ausgestatteten Lärchenholz-Fässer am Hang des großmütterlichen Terrains, die die drei Gästezimmer im restaurierten Bauernhaus ergänzen.

**Via del Col di Luna 6
Cozzuolo
Tel. 0039 333 262 24 46 und
0039 043 816 726 23
https://lavignadisarah.it**

6

LE VOLPI

Einst Teil eines Bauernhofs inmitten des Nationalparks der Euganeischen Hügel, lockt der nach den Füchsen (die sich hier vielleicht mit den Hasen noch immer gute Nacht sagen) benannte Agriturismo inzwischen mit rustikal-eleganten Zimmern, absoluter Ruhe, einem üppigen Frühstück sowie einem wunderbaren Weitblick über Rebzeilen und Haine. Wer mag, kann das Panoroma auch beim Schwimmen im Infinity-Pool genießen. Das nahe Schwestergut produziert Wein und Olivenöl.

**Via Gemola 14, Baone
Tel. 0039 042 95 90 19
https://www.levolpi.it**

*

PRACHT UND
MACHT VEREINT

*

Venedigs Umriss gleicht einem
Fisch. Sein Herz schlägt in
San Marco, auf dem Rücken
trägt er die kontrastreichen
Sestiere Cannaregio und Castello
mit Ghetto, Arsenale und den
Giardini Pubblici. Die letzten
beiden sind die Hauptschau-
plätze der Kunstbiennale.

**Keine Frage, ein herrliches Vergnügen, wenngleich kein billiges, ist
es, Venedig mit der Gondel zu entdecken.**

Kling. Klong. Kling. Klong. Kling. ... . Weit-
hin klingen die Hammerschläge der beiden dunklen
Hirtenfiguren hoch oben auf der Torre dell'Orologio
in den frühen Abend. Vier Mal. Fünf Mal. Sechs Mal.
Noch tönt ihre Stundenglocke an der Turmspitze als
Solistin über die Piazza San Marco. Doch schon beginnt das kleine Orchester des Caffè Lavena unter
den Arkaden der Alten Prokuratien seine Plätze auf
dem Konzertpodest einzunehmen. Flügel, Akkor-
deon, Geige, Klarinette und Cello – bald erfüllen
auch ihre Klänge den »schönsten Festsaal Europas«,
wie Napoleon den größten Platz der Serenissima begeistert nannte. Schon Richard Wagner war Stamm-
gast hier; kam von seinem Domizil im heutigen
Casino-Palast regelmäßig am Nachmittag zwischen
fünf und sechs ins Caffè Lavena, häufig begleitet von
seiner Frau Cosima und dem Schwiegervater Franz
Liszt. Auch ihnen kündeten die Bronzestatuen der
Turmuhr die Zeit.

»WER NICHT SEIN HERZ STÄRKER KLOPFEN FÜHLT, WENN ER AUF DEM MARKUSPLATZ STEHT, DER LASSE SICH BEGRABEN, ...«
Franz Grillparzer (1791–1872)

An diesem Abend schwebt die Melodie ihrer
Hammerschläge über einem Dutzend junger Frauen
in eleganten Roben und mit extravaganten Glas-Col-
liers, die aus einem anderen Café, dem Gran Caffè
Florian, vor den Campanile stöckeln, und sich für
ein Foto um den Schöpfer ihrer augenfälligen Hals-
zierden scharen. Denn auch für den Muraneser
Glaskünstler Lucio Bubacco, der zuvor im Rahmen
der Venice Glass Week eine Ausstellung seiner Lam-
penskulpturen in der Poste Italiane am Westende
der majestätischen Piazza eröffnet hatte, ist diese
zugleich Herz und Bühne. Und als Zuschauer nähern sich nicht nur neugierige Kinder ... .

Dingdongding. Dingdongding. Dingdongding.
Eine andere Tonfolge. Nicht von der Torre dell'Orologio. Sondern vom Campanile, dem 1912, zehn Jahre
nach seinem Einsturz bei einem Erdbeben, wiedererbauten Glockenturm der Basilika San Marco. Pre-
gadi, Renghiera und Trottiera läuten dort um halb

Oben: Blick von der Piazza San Marco hinüber zur Chiesa di San Giorgio Maggiore.
Links: Als erstes Kaffeehaus eröffnete 1720 in den Neuen Prokuratien das Caffè Florian – im Sommer unterhält eine Kapelle die Gäste.

Die Basilica di San Marco dominiert den Markusplatz.
Fünf Kuppeln verleihen dem Bau orientalisches Flair.

sieben das Ende des Tages ein. Ihre beiden großen Schwestern schweigen; sie haben nur am Wochenende Dienst. Oder zu besonderen Ereignissen. Festen. Ihre Vorgängerinnen warnten die Venezianer zudem vor einem Brand oder anderen Gefahren. Und die große Marangona gab jeden Morgen dem jüdischen Ghetto das Zeichen, seine Tore zu öffnen.

Nonas Einsatz indes ist um Mitternacht. Aber noch ist es nicht soweit. Gerade erst wechselt das Licht, legt sich ein zarter, roséfarbener Schleier über die Kuppeln und Fassaden an der Piazza San Marco. Alle Wege, so heißt es, führen zu diesem einzigartigen Salon – jene des Hochwassers eingeschlossen. Und der eines Engels. Zumindest zu Beginn des

Karnevals. Freilich handelt es sich dabei nicht wirklich um ein Himmelswesen. Ursprünglich war es ein Seiltänzer, der vom Campanile aus zu einer Barke im Bassin von San Marco balancierte. Später wurde der Artist durch eine hölzerne Taube ersetzt. Heute »fliegt« wieder ein Mensch hinab von der Brüstung des Glockenturms, allerdings wird er doppelt und dreifach an Seilen gesichert. Der aktuelle »volo del angelo« endet jedoch nicht auf dem Wasser sondern auf der Piazza, fast am Fuße des Campanile.

Kling. Klong. Kling. Klong. Kling. Klong. Unermüdlich hämmern die beiden bronzenen Figuren auf ihre große Glocke. Doch sie kündet nie die exakte Stunde. Denn der bärtige Alte schlägt zwei

Das Museo della Basilica di San Marco birgt
die vier Bronzepferde, die Venedig 1204
Konstantinopel raubte.

Dogenpalast: Die Ausmalung der Sala del Maggior
Consiglio entstand nach einem Brand 1577.

Ganz links: Innenhof des Dogenpalastes.
Links: Mosaiken überziehen
Wände und Kuppeln des Markus-
doms.

Teatro La Fenice: Venedigs Opernhaus gehört zu den berühmtesten der Welt. Mehrmals abgebrannt und immer wieder aufgebaut, erstrahlt es seit 2003 in alter Pracht. Rund 1000 Zuschauer finden seitdem in dem Kunsttempel Platz.

Oben: Campo Santa Maria Nova mit der sehenswerten Chiesa di Santa Maria dei Miracoli, ein stimmungsvoller Ort, den die meisten Tagestouristen gar nicht zu sehen bekommen.
Rechts: Galerie Bel-Air Fine Art in der Calle del Spezier nahe Campo Santo Stefano.

Unterwegs im Gassen- und Kanalgewirr von San Marco: Rio di San Luca.

Palazzo Contarini del Bovolo: eine hübsche Wendeltreppe führt hinauf zur Aussichtsplattform.

Minuten früher, sein junges Gegenüber zwei Minuten später. »Das ist die Besonderheit«, wissen die Venezianer: »ein Symbol der Zeit, die kommen wird«.

STADT DER WUNDER

Die Zeit, die vergangen ist, war für Venedig über Jahrhunderte eine des Ruhmes. Unter den Dogen stieg Venedig zu einer Großmacht auf, die nicht nur das Mittelmeer kontrollierte, sondern sich auch in einzigartiger Weise triumphal in Kunst und Kultur inszenierte. Begonnen hatte alles mit ein paar Kaufleuten und Fischern, die im 5. und 6. Jahrhundert nach Christus in der Lagune Schutz gesucht hatten. Die ersten Siedler ließen sich auf den Inseln Malamocco (heute Lido), Torcello und Murano nieder. Sie rodeten die teils morastigen Inseln und legten sie trocken, fristeten aber wohl eher ein kärgliches Dasein. Erst im 13./14. Jahrhundert begann der Aufstieg des Stadtstaates. Dauerkonkurrent Genua wurde 1378 vernichtend geschlagen und Händler wie Marco Polo brachten Seide und Samt, Smaragde und Rubine, Gewürze und andere Luxusgüter aus Arabien, Indien und China in die Stadt. In der Folge machten Künstler wie Giovanni Bellini und Antonio Vivarini die Lagunenstadt zum Zentrum der Künste. Weitere klangvolle Namen folgten: Tizian, Tintoretto, Tiepolo und Canaletto.

WURST AUS DEM THEATER

Venedigs Baukunst hat viele Facetten. Und birgt hinter ihren Fassaden oft Überraschendes. Wie das Teatro Italia im Sestiere Cannaregio. Es steht am Campiello de l'Anconeta, einem kleinen Platz der langen, von Einheimischen wie Fremden viel begangenen Straßenader, die Venedigs Bahnhof Santa Lucia mit der Rialto-Brücke verbindet. Erbaut wurde es 1915 im gotischen Stil der Lagune: Vorbild für die Fenster waren jene des Dogenpalastes, die vier Eingangsportale entwarf der venezianische Eisen- und Glaskünstler Umberto Bellotto – ebenso wie die Kronleuchter im Inneren. Sie schweben heute über Lebensmittelregalen. Denn nachdem das Jugendstiltheater zum Kinopalast mutierte und später Universitätsbüros barg, wurde es nach neuerlichem Dornröschenschlaf aufwendig restauriert als Supermarkt wiedererweckt. Sowohl die Deckenmalerei, die den schönen Titel »Die Herrlichkeit« trägt, als auch die Wandgemälde blieben erhalten: die Präsentation aller Waren ist bis knapp über Kopfhöhe der Kunden limitiert.

SCHLECKEN ZUM ERINNERN

»Eat and run« steht auf dem Klingelschild am Campo dei Mori, unweit der sagenumwobenen weißen Fassadenfiguren in orientalischer Kleidung. Die Tür daneben ist nur angelehnt. Sie führt hinein in eine Werkstatt, in der es offensichtlich weder um Essen noch ums Laufen geht. Auf einem Gaskocher schmilzt Wachs, überall liegen handtellergroße und daumenkleine Nachbildungen typisch venezianischer Säulen-Bogenfenster oder anderer architektonischer Details der Serenissima: nicht nur aus Wachs, sondern auch aus Metall – und aus Zuckersirup. Michela Bortolozzi, Schöpferin dieser bunten

Blick von der Calle del Dose da Ponte auf den
Canal Grande und Santa M. della Salute.

Fantasievoll sollen sie sein –
Masken und Kostüme im Karneval.

Kerzen-, Ohrring- und Lolli-Objekte, will mit ihren
Kreationen das Souvenirgeschäft ihrer Heimatstadt
kritisch hinterfragen. »Ich möchte das Bewusstsein
für die Materialien und die Traditionen von Objek-
ten schärfen, die eine tausendjährige Geschichte
haben«, sagt die weitgereiste Designerin und Bild-
hauerin. »Meine handwerklichen Mitbringsel sollen
Botschaften vermitteln, die Neugier wecken und die
Aufmerksamkeit auf Orte lenken, die wir manchmal für selbstverständlich halten«. Was Tintoretto
wohl zu diesem Anspruch sagen würde? Lebte er
noch, wären Michela und er quasi Nachbarn: Fast
ein halbes Jahrhundert wohnte der venezianische
»Schnellmaler« im Haus Nr. 3399 der Fondamenta
dei Mori. 1594 starb er dort – und ruht nun auch
in seinem bis heute recht unaufgeregten Sestiere: in
der Kirche Madonna dell'Orto, neben seiner Lieb-
lingstochter Marietta, und seinem Sohn Domenico,
der ebenfalls Maler war.

PAVILLONS NICHT NUR FÜR KUNST

Angler stehen ruhig im Morgenlicht an den Ufer-
promenaden zwischen dem Rio del Arsenale und
den Giardini. Kaum eine Yacht oder ein Kreuzfahrt-
schiff stört zu dieser Zeit das beschauliche Szenario.
Am Nachmittag sitzt ein Männertrio inmitten des
Areals der einstigen Schiffswerft und Flottenbasis
ungestört beisammen beim Flicken von Fischernet-
zen – derweil auf dem Dach des Ospedale Santi Giovanni e Paolo ein Rettungshubschrauber landet und
ein paar Jungs auf der gleichnamigen Piazza Fußball
spielen. Zur Stunde des Aperitivo schlendern Ein-

Special

TOLLE TAGE

**Kritiker empfinden den Karneval in Venedig als Spek-
takel, inszeniert lediglich für Touristen. Schließlich
wurde zwischen 1797 und 1979 kein Karneval in der
Lagunenstadt gefeiert.**

Napoleon war es, der ihn 1797 verboten hatte. Er fürch-
tete, dass die maskierten Venezianer Böses gegen die
französischen Besatzer im Schilde führen könnten.
Schließlich durften damals Masken ab Santo Stefano (26.
Dezember) bis Faschingsdienstag getragen werden. Fast
200 Jahre vergingen, bis das Maskenspiel wieder zum
Leben erweckt wurde – hauptsächlich wohl, um die tou-
ristisch weniger stark frequentierten Wintermonate zu
beleben. Seitdem ist der Karneval ein Höhepunkt im jähr-
lichen Eventkalender – nur 2021 konnte er wegen Corona
nicht stattfinden. Er beginnt 14 Tage vor Aschermittwoch
mit dem »Flug des Engels« (s. S. 26) und endet mit dem
Aschermittwochskonzert zu mitternächtlicher Stunde
(Infos unter: www.carnevale.venezia.it).

Vom Restaurant Riva Rialto schaut man hinüber auf die Palastfronten von San Marco am Canal Grande.

Palazzo Grassi: Die Familie Grassi erwarb den Palast Anfang des 18. Jh.s und bewohnte ihn bis Mitte des 19. Jh.s, heute beherbergt er die Sammlung des Multimilliardärs François Pinault.

Von den Loggien der Ca' d'Oro schaut man auf den Canal Grande. Die Räume im ersten und zweiten Stock beherbergen die Galleria Giorgio Franchetti.

heimische und Fremde vor den Bootsanlegern der Fondamenta Nuova in eine der urigen Uferkneipen. Wären sie hier vormittags unterwegs, würden sie feststellen, dass in der Via Garibaldi buntes Marktleben herrscht. Die breite Straße ist die Hauptschlagader am Schwanz des Fisches Venedig – nicht nur zur Zeit der Kunstbiennale. Eine Pasticceria, eine Handvoll Cafés und Lädchen, der Zeitungskiosk, das Marktboot und einige alteingesessene Trattorien künden noch vom traditionsreichen Alltag der Bewohner in diesem Teil des Castello. Giambattista Tiepolo gehörte einst zu ihnen; er erblickte am Corte di San Domenico 1696 das Licht der Welt. Das Kirchlein Santa Maria della Fava birgt vier seiner frühen Gemälde.

Aber nicht nur große Kunst prägt Venedigs größtes und einst wichtigstes religiöses Sestiere. Wer mag, kann hier auch nur seinen caffè oder Spritz in einem lichten Fin-de-Siècle-Gewächshaus trinken,

»ICH VERLIEBTE MICH IN VENEDIG, ALS ICH DAS ERSTE MAL ANKAM.«

Peggy Guggenheim (1898–1979)

mit verkäuflichen Pflanzen als Tischnachbarn. Oder sich zum Picknick unter den Bäumen des Uferparks niederlassen. Für die Giardini Pubblici ließ Napoleon 1807 ein Sumpfgebiet trockenlegen und mittelalterliche Kirchen bzw. Klosteranlagen abreißen. Zwischen Alleen, Fontänen und Statuen stehen hier heute die Pavillons der Biennale in verschiedensten Stilrichtungen. Ein Hingucker ist der gläserne Bücherpavillon, den James Stirling 1991 entwarf. Aber wer achtet schon auf Bücher bei dem Lagunen-Panorama, das sich hier bietet: Von den weißen Kuppeln der Santa Maria della Salute bis zum hellen Rundbau der Votivkirche Santa Maria Immacolata auf dem Lido. Manchmal freilich untermalt vielstimmiger Jubel die besinnliche Betrachtung: wenn im Stadion auf der nahen Insel Sant' Elena der FC Venedig mal wieder den Sieg erringt. Die Anlage ist übrigens die einzige ihrer Art in der Serenissima und stammt bereits aus dem Jahr 1913.

Im Arsenale liefen jahrhundertelang Schiffe vom Stapel. Heute kann man dort während der Biennale internationale Kunst entdecken.

Ansichten in Cannaregio: Restaurant Il Paradiso an der Fondamenta Misericordia (links) und Casa del Tintoretto an der Fondamenta dei Mori (oben).

Hochwasser

MEER MITTEN IN DER STADT

Venedig kämpft noch immer jedes Jahr mit Hochwasser – trotz des 2020 in Betrieb genommenen, an drei Öffnungen der Lagune (Lido, Malamocco und Chioggia) installierten Sturmflut-Sperrwerks Modulo Sperimentale Elettromeccanico (kurz MO.S.E.).

Man hofft, dass sich Szenen wie hier im Jahr 2020 auf dem Markusplatz nicht mehr wiederholen: 78 hydraulische Fluttore sollen bei einem Pegelstand von über 1,30 m den Adriawellen den Weg in die Lagune versperren.

GROSSE KUNST UND MARITIMES ERBE

Das historische Zentrum von Venedig ist seit dem 12. Jh. in »Stadtsechstel«, venezianisch Sestieri, aufgeteilt. San Marco ist der vornehmste und der touristischste Sestiere. Aber auch im östlich angrenzenden Castello und nördlich des Canal Grande, in Cannaregio, finden sich großartige Zeugnisse profaner wie sakraler Kunst.

SAN MARCO

San Marco, Venedigs historisches Herz, birgt das Gros aller Highlights der Serenissima. Dabei ist es mit einem halben Quadratkilometer Fläche das zweitkleinste Sestiere (eigentlich »Stadtsechstel«).

Reiner Luxus, aber dennoch schön: mit der Gondel durch Venedig zu fahren.

SEHENSWERT

Die bedeutendsten Bauten wiederum gruppieren sich rund um die ❶ **Piazza San Marco TOP-ZIEL**, den Markusplatz. Für Napoleon war es der »schönste Platz Europas«. Seine Ostseite beherrscht die ❷ **Basilica di San Marco TOPZIEL**, die von riesigen Kuppeln überwölbte Markusbasilika. Der heutige Bau wurde 1094 geweiht und zur Staatskirche erhoben. Erst 1807 stieg diese in den Rang einer Kathedrale auf. San Marco ist Venedigs einzige byzantinische Kirche. Sie ist außergewöhnlich prächtig ausgeschmückt. Grund dafür ist nicht zuletzt eine Order des Dogen Domenico Selvo. Er befahl, dass jeder heimkehrende Venezianer ein kostbares Kleinod aus der Fremde mitbringen müsse. Fünf mosaikengeschmückte Portale bestimmen die dem Markusplatz zugewandte Westfassade. Über dem Hauptportal stehen Kopien der vier geraubten antiken Bronzepferde. Sie waren 1204 von Konstantinopel nach Venedig gebracht worden (Originale heute im Museo di San Marco). Auch das Innere der dreischiffigen Basilika bestimmen die

monumentalen Kuppeln. Sie sind ebenso wie die Wände und Pfeiler mit Mosaiken ausgeschmückt. Beachtenswert auch der Boden, der im 11./12. Jh. aus mehrfarbigem Marmor und Halbedelsteinen geschaffen wurde (Mo.–Sa. 9.30–17.15, So./Fei. ab 14.00 Uhr, Eintritt 3 Euro, mit Besichtigung der berühmten Pala d'Oro, der Tafel auf der Rückseite des Hochaltars, 8 Euro sowie mit Museum, Loggia dei Cavalli, 15 Euro; www.basilicasanmarco.it).

Nach Süden hin schließt der ❸ **Palazzo Ducale TOPZIEL**, der Dogenpalast, an die Markusbasilika. Er war Regierungs- und Wohnsitz von 120 Dogen und war gleichzeitig das Staatsgefängnis. Mit dem Bau des heutigen Dogenpalastes begann man Mitte des 14. Jh.s. Die Mitgliederzahl des Großen Rates war auf über 1000 angewachsen, und ein größerer Versammlungssaal wurde benötigt. Um einen trapezförmigen Innenhof gruppieren sich drei Gebäudeflügel. Im Norden grenzt der Dogenpalast direkt an den Markusdom. Schauseite ist die der Lagune zugewandte Südfassade. An beiden Gebäudeecken stehen Figurengruppen aus dem 14. Jh. Das Relief an der Südostecke des Dogenpalastes stellt den betrunkenen Noah dar. Nach mehreren Bränden entstand die Innenausstattung des Dogenpalastes im 16. Jh. Die bedeutendsten Künstler ihrer Zeit wurden damals verpflichtet: Tintoretto, Tizian, Veronese und Bellini. Bedeutendster Saal des Palastes ist die Sala del Maggior Consiglio. Der Saal des Großen Rates ist mit 54 × 25 m gleichzeitig der größte des Palastes. Hier fällten die Ratsmitglieder alle wichtigen Entscheidungen der Republik. Während die Deckengemälde

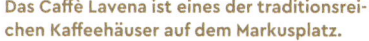

Das Caffè Lavena ist eines der traditionsreichen Kaffeehäuser auf dem Markusplatz.

Venedigs Schauseite mit Biblioteca Marciana, Palazzo Ducale und Campanile.

die Serenissima feiern, nimmt die Rückwand das Monumentalgemälde »Paradies« ein (tgl. 9.00 bis 18.00, im Sommer bis 19.00 Uhr, 25 Euro, Kombikarte mit Museo Correr, Museo Archeologico Nazionale und Biblioteca Nazionale Marciana, www.palazzoducale.visitmuve.it).

An der Nordseite der Piazza San Marco ragt die **Torre dell' Orologio**, der Uhrturm, auf. Auf seiner Plattform schlagen zwei mit Hämmern ausgestattete Figuren jede volle Stunde. Die große Prunkuhr zeigt Monate, Sternzeichen und Mondphasen an (tgl. 9.30–17.15 Uhr, 10 Euro). An den Uhrturm schließen die alten Prokuratien (**Procuratie Vecchie**). Sie waren Sitz der Prokuratoren, der wichtigsten Würdenträger der Stadt nach dem Dogen. Der heutige Bau entstand ab 1500. Mit den gegenüberliegenden Neuen Prokuratien (**Procuratie Nuove**, 1583–1640) sind sie durch die **Ala Napoleonica** verbunden. Dieser Verbindungsbau wurde erst 1810 auf Wunsch von Napoleon eingefügt.

Höchstes Gebäude von Venedig und Wahrzeichen der Stadt ist der fast 100 m hohe **Campanile**. Baubeginn war 888, doch konnte das oberste Stockwerk mit seinen Klangarkaden erst 1178 vollendet werden. Am 14. Juli 1902 stürzte der Campanile ein. Verletzt wurde niemand. Zehn Jahre später konnte der Turm am 25. April 1912 wieder eingeweiht werden. Ein Aufzug führt zur Glockenstube hinauf, wo sich ein prächtiger Blick über die Stadt und ihre Lagune bietet (www.museivenezia.it/campanile-di-san-marco/, Nov.–März tgl. 9.30–15.30, April–Okt. 9.30–21.00 Uhr, 12 Euro).

Unweit westlich der Piazza San Marco erreicht man das wiedererbaute ④ **Teatro La Fenice** (Campo San Fantin, www.teatrolafenice.it; Audioguide-Führungen tgl. 9.30–18.00 Uhr, 12 Euro) sowie den ⑤ **Palazzo Contarini del Bovolo** (Scala del Contarini del Bovolo, www.museivenezia.it/scala-contarini-del-bovolo, tgl. 9.30 bis 17.30 Uhr, 8 Euro). Berühmt ist er für seine um 1500 angebaute Wendeltreppe. Oben angekommen, bietet sich ein herrlicher Ausblick. Über den Canal Grande ins Sestiere San Polo führt der ⑥ **Ponte di Rialto** TOPZIEL (16. Jh.) Drei Fußgängerwege führen über die Brücke, die durch Ladenreihen mit Leder-, Schmuck- und Souvenirgeschäften getrennt werden. Nimmt man einen der äußeren Wege, so bietet sich ein

Blick vom Markusplatz hinüber nach San Giorgio Maggiore.

schöner Blick auf den ⑦ **Canal Grande** TOPZIEL, den mehr als 200 Palazzi säumen. Zum Sestiere San Marco zählt auch die Insel ⑧ **San Giorgio Maggiore** mit der gleichnamigen palladianischen Kirche (16. Jh.), deren Fassade an einen antiken Tempel erinnert. Vom Campanile hat man eine grandiose Aussicht.

MUSEEN
Venedigs Stadtgeschichte dokumentiert das ① **Museo Correr** (Piazza San Marco, https://correr.visitmuve.it, tgl. 10.00–18.00 Uhr, 25 Euro Sammelticket für alle Museen auf dem Markusplatz). Aus zwei Stiftersammlungen des 16. Jh.s entwickelte sich das ① **Museo Archeologico** (Eingang Ala Napoleonica, Öffnung wie Museo Correr) mit griechischen, römischen ägyptischen und assyrisch-babylonischen Exponaten. Im ② **Museo di San Marco** lässt sich das Original der Quadriga vom Markusdom bewundern (Piazza San Marco, tgl. 9.30–17.00 Uhr). Der französische Milliardär François Pinault erwarb 2006 den ⑨ **Palazzo Grassi** und gewährt dort bei wechselnden Ausstellungen Einblicke in seine Sammlungen moderner und zeitgenössischer Kunst (Campo San Samuele, www.pinaultcollection.com/palazzograssi/en Mo., Mi.–So. 10.00 bis 19.00 Uhr).

CAFÉS
An der Piazza San Marco befinden sich drei legendäre historische Gran Caffè: **Florian**, **Quadri** und **Lavena**. Zu jedem Kaffeehaus gehört im Sommer eine eigene Kapelle. Das Angebot und die Ausstattung unterscheiden sich nur geringfügig, aber natürlich muss man für Lage und Ausblick bezahlen. Zu den ohnehin schon hohen Preisen kommt in der Regel noch ein Aufschlag für die Musik.

VERANSTALTUNGEN
Die **Festa del Redentore** (3. Sonntag im Juli) mit Feuerwerk, Open-Air-Dinner, Konzerten und Bootsbrücke erinnert an das Ende der Pest von 1575 bis 1577. Jeweils am 1. Septembersonntag startet am Markusplatz die **Regata Storica** mit historischer Bootsparade und Ruderwettkämpfen (Abb. S. 42/43).

CANNAREGIO

Vom einstigen Schilf (italien. canna) oder dem canale regio zur Lagune hat das am dichtesten besiedelte, äußerst facettenreiche Sestiere seinen Namen. Es erstreckt sich vom Bahnhof über Europas erstes Ghetto bis nahe dem Ponte Rialto – und war Tintorettos geliebtes Zuhause.

SEHENSWERT
Nahe dem Ponte delle Guglie (1580), der Zinnen-Brücke der Stadt, geht es hinein ins ⑩ **Ghetto**. Als nach der Vertreibung der Juden aus Spanien und Portugal zu Beginn des 16. Jh.s immer mehr Juden in die Stadt strömten, wies ihnen 1516 die Seerepublik ein bestimmtes Wohngebiet zu. Ursprünglich befand sich auf dem Gelände eine Gießerei (venezianisch »getto«). In dem historischen jüdischen Viertel mit fünf Synagogen und dem Museo Ebraico (Campo del Ghetto Nuovo, So.–Do. 10.00–17.30, Fr. 10.00–15.00 Uhr, www.ghettovenezia.com/museo/) zeugen Talmudschulen sowie koschere Läden und Restaurants von den wiederbelebten Traditionen. Die ⑪ **Ca' Vendramin Calergi** (17. Jh.) am Canal Grande, heute das Casino (www.casinovenezia.it), beherbergte einst Dogen und Richard Wagner. Die Räume des Komponisten können im Rahmen einer Führung besucht werden. Privat bewohnt indes ist die ⑫ **Casa del Tintoretto** (Fondamenta dei Mori 3399); nur eine Plakette an dem hohen Palazzo erinnert an den großen Maler, der hier 1518 zur Welt kam. Begraben ist er in der ⑬ **Chiesa Madonna dell'Orto** (14./15. Jh., Fondamenta della Madonna dell'Orto), eine der schönsten Kirchen Venedigs. Ihr hoher Turm macht sie bis weit in die Lagune sichtbar. Ihr Inneres schmücken u.a. Arbeiten von Jacobo und Domenico Tintoretto sowie vom Vater-Sohn-Duo Palma.

MUSEUM
Einer der schönsten Paläste am Canal Grande ist die **Ca' d'Oro**. Vorbild für den im 15. Jh. errichteten Palazzo war der Dogenpalast. Im »Goldenen Haus« ist heute die **Galleria Giorgio Franchetti** untergebracht. Sie zeigt Meisterwerke von Bellini, Tintoretto und Tizian (www.cadoro.org, Mo. 9.00 bis 14.00, Di.–So. 9.00–19.00 Uhr, 12,50 Euro, außerhalb der Karte zwischen Casino und Ponte di Rialto).

ÜBERNACHTEN
In einem eleganten Palazzo des 15. Jh.s am ruhigen Rio della Senza bietet das Hotel €€–€€€ A Mori d'Oriente (Fondamenta della Sensa 3319, www.morihotel.com) klassisch venezianische Zimmer, teils mit Kanalblick.

RESTAURANT
Etwas versteckt liegt die kleine €€ Osteria al Cicheto (Calle de la Misericordia, 367/A, +39 41 71 60 37, www.osteria-al-cicheto.it/it/). Hier be-

Nur früh morgens oder sehr spät am Abend hat man den Markusplatz (fast) für sich allein.

kommt man zu einem Festpreis venezianische Spezialitäten, ein Zweigang-Menü kostet 32 €.

EINKAUFEN
Ausgefallene Souvenirs entdeckt man in der Werkstatt bzw. im Laden von Michela Bortolozzi: **Eat and Run** (Campo dei Mori). Wer sich mit einigen Lebensmitteln eindecken möchte, geht in den kleinen Supermarkt, der im einstigen **Teatro Italia** eingerichtet wurde – aber eigentlich kommt man eher zum Schauen hierher, das ehemalige Jugendstiltheater zieren noch die ursprünglichen Deckenmalereien (Campiello de l'Anconeta).

Tipp

MODE TRIFFT KUNST

Louis Vuitton in Venedig. Drei Etagen Mode und Accessoires – ergänzt um Kunst. Mal ein Holz-auto, mal ein Stäbchensessel. Immer: die großen Fotografien mit Venedig-Motiven von Candida Höfer im Treppenaufgang. Und an den Dachfenstern: Daniel Burens farbenfrohe Installation »Shattered by reflections«. Zudem bei jeder der Biennalen eine Sonderschau.

Louis Vuitton
San Marco 1345 (Shop) und Calle del Ridotto
1353 (Ausstellung); https://louisvuitton.com

CASTELLO

Das grüne Ende der Serenissima punktet mit eindrucksvollen Sakralbauten, umfasst aber auch die Wohnviertel der Arbeiterklasse im Umkreis der historischen Schiffswerft Arsenale.

SEHENSWERT

Die große gotische ⑭ **Basilica dei Santi Giovanni e Paolo** wird von den Venezianern nur kurz San Zanipolo genannt (Campo S.S. Giovanni e Paolo). Sie ist Grablege von rund zwei Dutzend Dogen und ausgeschmückt u.a. von Veronese. Venedigs prachtvollste Promenade, die ⑮ **Riva degli Schiavoni**, führt vom Dogenpalast in östlicher Richtung zur Kirche ⑯ **San Zaccaria** (Campo San Zaccaria) mit einem Altarbild von Bellini. Fast 50 ha umfasst das Gelände des ⑰ **Arsenale** (12. Jh., www.comune.venezia.it/it/arsenaledivenezia). Die Byzantinische Schiffswerft ist neben den weiter östlich gelegenen ⑱ **Giardini Pubblici** ein Hauptschauplatz der Kunstbiennale.

MUSEUM

Im Jahr 2019 eröffnet wurde ein Museum, das auf die – durch den Klimawandel gefährdeten – Weltmeere aufmerksam macht: ⑲ **Ocean Space** in der ehemaligen Kirche San Lorenzo (www.ocean-space.org, Chiesa di San Lorenzo Castello 5069, Mi.–So. 11.00–18.00 Uhr). Untergebracht in einem Kornspeicher aus dem 15. Jh., erhellt das 1815 eröffnete ⑳ **Museo Storico Navale** (Riva San Biagio 2148, Mi.–Mo. 10.00–18.00 Uhr, 10 Euro, www.munav.it/la-storia/) Venedigs Schifffahrtsgeschichte.

RESTAURANT

Schlichtes Ambiente und einfache gute Küche wie Spaghetti al nero di seppia bietet die alteingesessene **€–€€ Trattoria Alla Rampa** (Fondamenta S. Anna, Tel. 0039 041 528 53 65).

EINKAUFEN

Pralles Marktleben herrscht in der ㉑ **Via Garibaldi**: Keine 800 m vom Markusplatz entfernt werden hier morgens Gemüse, Käse, Pasta aus eigener Herstellung und vieles mehr angeboten. Typisch venezianisches Backwerk wird in der **Pasticceria Italo Didovich** verkauft (Campo Santa Marina). Und für Bücherfreunde ist die kuriose **Libreria Acqua Alta** (Calle Longa Santa Maria Formosa) ein besonderer Ort. Hier stapeln sich alte und neue Bücher.

TEPPICHBILDER AUS PFLANZEN

Auf dem Kupferstich, den Mariagrazia Dammicco als Fotokopie mitgebracht hat, zeigt sich deutlich: zur Renaissancezeit hatte nahezu jeder Palazzo am Canale della Giudecca und einige auch am Canal Grande einen Garten.

Er erstreckte sich an der Rückseite des Gebäudes, meist umsäumt von hohen Mauern. Und bildete mit seinen Pflanzen »eine Art natürliches Teppichbild, welches die Palastbewohner von den Fenstern des ersten oder zweiten Stockwerks aus bewundern konnten«.

Mariagrazia befasst sich seit Jahren mit dem historischen Grün der Serenissima. An diesem Spätnachmittag zeigt sie uns den Garten des Palazzo Nani Bernardo, der Dorsoduro-Residenz von Contessa Elisabetta Lucheschi Czarnocki. Erst im 19. Jh. angelegt, zählt er zu den jüngsten seiner Art in Venedig. Wie seine älteren Geschwister ist er jedoch hinter dem überdachten kleinen

Venedig ist grüner als man denkt ...

Empfangshof auf einer künstlichen Erhebung angelegt: »Damit die Pflanzen mehr Erde haben und vor dem acqua alta geschützt sind. Denn wenn die Wurzeln zu lange vom Salzwasser umspült werden, sterben sie ab«. Wie 2019, als sogar einige Bäume kollabierten. Die hohe Palme und die alten Rosenstöcke überlebten zum Glück; zudem wurde inzwischen vieles nachgepflanzt.

Buchung: Wigwam Club Giardini Storici Venezia, www.giardini-venezia.it
Dauer/Preis: Die Führungen (ab 2 Pers., auch auf engl.) dauern ca. 2 Std. und kosten zwischen 12 und 30 Euro pro Person.
Gartenfestival: Jedes Jahr Anfang Okt. organisiert der Club das Festival dei Giardini Veneziani mit diversen Führungen in sonst meist nicht öffentlichen Gärten.

*

IM GEWIRR DER GASSEN UND KANÄLE

*

Markttreiben am Rialto, stattliche Kirchen, enge Gassen mit alteingesessenen Läden. In San Polo und Santa Croce erleben Sie Venedig ganz kompakt. Im Süden der Stadt darf man sich auf Kunst und studentisches Flair freuen.

Die Rialto-Brücke verbindet San Marco mit dem Stadtteil San Polo.
Die 1591 eröffnete Brücke ruht auf 6000 Eichenpfählen.

Oben und unten rechts: Bei der Regata Storica am ersten Sonntag im September lebt der Glanz der Seerepublik auf.

Segnung der Boote vor der Kuppelkirche Santa Maria della Salute, nahe der östlichen Landspitze von Dorsoduro.

Weg ist sie. Von der Wartebank der Anlegestelle San Toma rollt sie auf den Boden und platscht gleich darauf in den Canal Grande. Ärgerlich. Eine kleine fast leere Wasserflasche. An diesem Tag ein großes Problem. Denn sie schickt sich an, zwischen die Boote der Wettkämpfer der Regata Storica zu schwimmen. Zum Glück ist die Anlegestelle nahe der Universität Ca' Foscari von Ruderfans umlagert. Auf der rechten Seite ankern die Unterstützer vom Club der Vorjahresgewinner mit ihren Booten, feuern »ihre« beiden vogatori kräftig an. Vai, vai, los, los! Dann entdeckt einer der sostenitore die Flasche. Und mein besorgtes Gesicht. Noch tanzt die bottiglia am Rand des Canal. Ich erkläre das Unglück – und schon hält der Fan im violetten Trikot ein langes Ruder in seinen Händen. Fischt mit dessen Blatt das störende Objekt aus dem Wasser. Grazie mille! Erleichterung! Sogar die Zuschauer auf den Balkonen der Uferpalazzi nicken anerkennend.

»HUNDERTE HISTORISCHER BOOTE GLEITEN DEN CANAL GRANDE HINAB, BEVOR DAS EIGENTLICHE RENNEN BEGINNT.«

BUNTES BOOTSRENNEN

Als Teil der Festa delle Marie ist Mitte des 13. Jh.s erstmals eine Regatta in Venedig erwähnt. Um 1500 stellt Jacopo dé Barbari auf seinem Perspektivplan der Stadt das Bootsrennen dar.

Heute lockt das September-Ereignis, das an einem der Vorabende mit der Segnung der knall farbenen Boote und einem Strauß weißer Rosen als Gabe für die Madonna della Salute beginnt, jährlich Zehntausende an den schon ab dem frühen Nachmittag für den Schiffsverkehr gesperrten Canal Grande. Hunderte historischer Boote gleiten den Canal Grande hinab, bevor das eigentliche Rennen beginnt. In eigenen Booten warten die Mitglieder der Ruderclubs nach der Bootsparade auf den Wettkampf ihres Teams, um es dann lauthals anzufeuern:

EIN SCHATTEN IM GLAS

»Un'ombra«: tausendfach geht er in den bacari, den venezianischen Weinschenken, über den Tresen, um die Kehle zu netzen – zu fast jeder Tageszeit.

»Rossa o bianca«, rot oder weiß, lautet meist nur die Frage des Wirts. Aber niemand fragt sich ernsthaft, warum der winzige Schluck Wein »ombra« heißt. Ein Maler in einer Osteria habe irgendwann den Schatten, den sein Glas warf, auf dem Tisch nachgezeichnet, ist eine der Erklärungen. Andere sprechen von der ombra als Codewort für das angeblich einst als vulgär verpönte Weintrinken. Aber eigentlich verweist das Wort Schatten nur auf die geringe Menge. Tatsächlich fassten die Weingläser ursprünglich nur ein Achtel oder ein Zehntel.

Gerne werden zum Gläschen Wein kleine Häppchen gegessen, »cicchetti«, mundgerechte Fleischbällchen oder kleine belegte Weißbrotscheiben oder ...

den Nachwuchs im Pupparini-Zweier, die Sechser-Mannschaft im Caorline-Boot, die Frauen im Mascarete-Zweier und schließlich jene, die zu zweit in einem mehr als zehn Meter langen Gondolino ein rasantes Tempo einschlagen. Jeweils neun Teams kämpfen sich vom Start im Bacino San Marco bis zum Campo San Marcuola oder zumindest Rialto und zurück bis ins Ziel an der machina, der Ehrentribüne an der Ca' Foscari. Und alle, alle fiebern mit! Freudenschreie, Tränen, knallende Sektkorken – ein bewegendes Fest im wunderbaren Abendlicht ... .

FASSADENKUNST UND MEHR

Der Junge steht knapp über dem Wasserspiegel – fast wie auf einem unsichtbaren Boot. Seine schwarzen Haare wehen, in der rechten Faust reckt er eine Leuchtfackel himmelwärts. Ihr rosafarbener Schein zieht sich weit vom Körper der schmächtigen Schwimmwestengestalt über die graue Hausfassade am Ufer des Rio Ca' Foscari. Ein echter Banksy. Manchmal versperren große Müllcontainer den Blick auf den »kleinen Migranten« des britischen Streetart-Künstlers. Wie auch vieles andere in diesem auf felsigem Grund errichteten Sestiere, dem »harten Rücken« Venedigs, nicht gleich ins Auge fällt. Entdeckt werden will etwa hinter einem Portal, das zum schlichten Aufgang eines Palazzo führt, der Blick in einen verborgenen Garten. Wer sich bis zur prächtigen Beletage vorwagt, den überrascht eine temporäre Fotoinstallation.

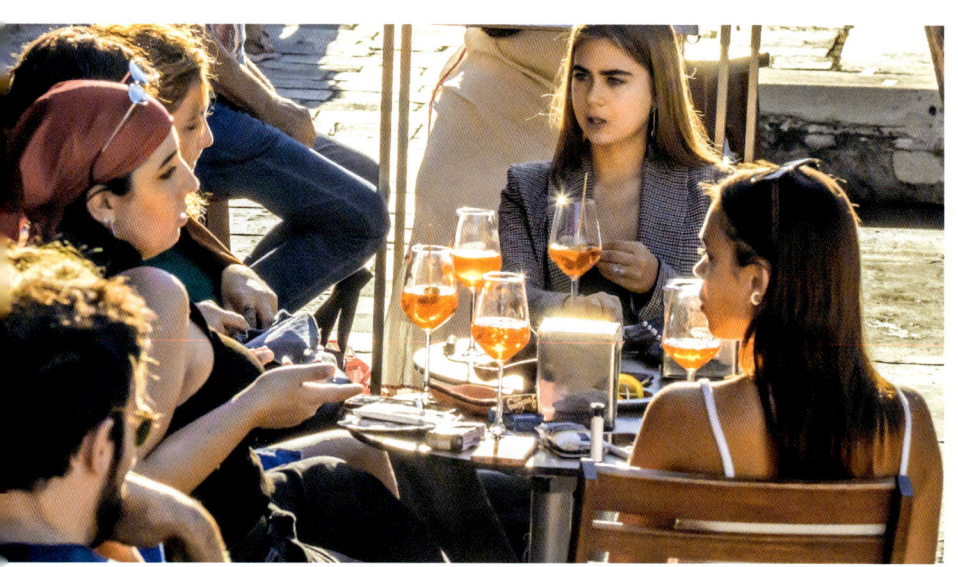

Es muss nicht immer Wein sein – manche bevorzugen als Aperitif einen Aperol Spritz.

Links: Von der Punta della Dogana geht der Blick hinüber zur Chiesa di San Giorgio Maggiore.
Mitte: Prächtige Paläste säumen auch in Dorsoduro den Canal Grande.

Oben: Gute Adresse für eine ombra, Enoteca Schiavi (Fondamenta Nani).
Links: Leicht zu übersehen, aber ein echter Banksy (am Rio Ca' Foscari).

Feine Stoffe, von Hand auf alten Webstühlen gefertigt: Tessitura Luigi Bevilacqua.

Oben: Abends treffen sich auf dem Campo Santa Margherita, dem beliebten Hauptplatz des Stadtteils Dorsoduro, Einheimische und Studenten in Bars und Restaurants. Rechts: Unweit südlich wird bei dem Ponte dei Pugni Obst und Gemüse verkauft.

Campo San Barnaba mit der gleichnamigen Kirche war schon Kulisse für Szenen in diversen Filmen.

Auch in Venedig regnet es manchmal: Acqua Marea in der Calle S. Pantalon.

HANDWERK UND STUDENTENFLAIR

Es lohnt sich in Dorsoduro und im benachbarten Santa Croce, das seinen Namen hat von einer Kirche, die im 19. Jahrhundert den Giardini Papadopoli weichen musste, die belebten Plätze wie San Barnaba zu verlassen oder den Campo Santa Margherita mit seinen Studentenkneipen, Trattorien, Cafés und einem einzigen verbliebenen, familienbetriebenen Fischstand (von einst fünf). Es macht Spaß, sich zu verlieren, sich treiben zu lassen durch handtuchschmale, mitunter krumme Gassen, die Namen tragen wie Calle della Fonderia (Gießerei), Calle della Laca (Lack) oder sich weiten zu einem Campo della Lana (Wolle). Die sich unvermittelt mit einem mehrstöckigen Bogenhaus schmücken, ja manchmal taucht sogar ganz unvermutet weit in den Himmel strebendes Grün auf. Die uns zu urigen Weinkneipen bringen, in denen jeder jeden kennt und die ombra noch aus Glasballons oder vom Fass abgefüllt wird. Die uns auch zum Rio Amalteo führen, vor dessen Mündung in den Canal Grande seit 1875 die noch immer aktive Samtweberei der Familie Bevilacqua steht. Und die uns auch gen Süden leiten, zu jenem Areal am Canale della Giudecca, das sich im 19. Jahrhundert vom Strand der Fischerfamilien – die sich hier am Vorabend des Festes von Santa Maria versammelten und die frisch gefangenen Seezungen aßen – zum Industriestandort und Hafen für die ersten Liniendampfer entwickelte.

Heute indes pulsiert in dem Bezirk studentisches Leben. Venedigs bereits 1926 gegründete Universität für Architektur (IUAV), an der schon Mario Botta, Frank Stella und Stefano Boeri büffelten und Le Corbusier oder Frank Lloyd Wright als Gastprofessoren lehrten, hat hier ihren Hauptsitz in einer längst ausgedienten Baumwollspinnerei. Die Fakultät Design und Kunst ist im umgebauten Convento delle Terese angesiedelt. Und in den einstigen magazzini, den Warenlagern für die Seeschifffahrt (deren erstes ein Käsehändler namens Anacleto Ligabue aus der Provinz Reggio Emilia bauen ließ) sind Lehrsäle und Appartements für die Studierenden untergebracht.

> **»SPAZIERGÄNGE IN VENEDIG HABEN DEN EINEN NACHTEIL, DASS MAN ZWANGHAFT IMMER WEITERGEHT.«**
> Daphne du Maurier (1907–1989)

DIE LANGE FISCHGRÄTE

Bootsbau und edle Stoffe, Sozialbauten und historische Villen, ein öffentliches Schwimmbad sogar, ein historischer »Garden Eden« und ein Frauengefängnis, dessen Insassinnen nicht nur einmal in der Woche die Früchte ihrer Gartenarbeit verkaufen, sondern auch aus alten PVC-Werbebannern Taschen und Accessoires für die Cooperative Malfatte in Maghera herstellen. Giudecca ist anders. Ist ein Venedig ohne Menschenmassen. Rau und elegant

Offiziell noch zu San Marco gehört der Fondaco dei Tedeschi. Der einstige Sitz der deutschen Kaufleute birgt heute ein Shoppingparadies.

Rund um die Rialto-Brücke findet man diverse Luxusboutiquen.

zugleich. Authentisch noch immer, auch wenn Klöster und Industriedenkmäler auf den neun Inselchen, die Giudecca bilden, umgewidmet wurden zu (bislang wenigen) Luxushotels. Und die Handvoll cantiere für den Bootsbau sowie ein paar andere traditionelle Handwerksbetriebe sich heute die spina longa, die lange Fischgräte, wie man die Insel früher nannte, mit einigen Künstlerateliers und Galerien teilen. Es herrscht gelassene Alltagsstimmung, nicht nur an der der Lagune zugewandten Seite der Insel, wo Hafen, Ruderverein und Kindergarten liegen. Und wo zeitgenössische Wohnbauprojekte, wie das noch unvollendete des portugiesischen Architekten Álvaro Siza Vieira, nicht nur für Freude unter den Einheimischen sorgen. Auch auf der Panorama-Promenade mit ihren Kirchen und schönen Palazzi herrscht ungezwungenes Miteinander. Man plaudert im kleinen Supermarkt, sitzt entspannt an den Tischen der wenigen Uferrestaurants und genießt den Blick auf San Marco.

FRESKEN ALS WERBUNG

»Kopf hoch«, fordert mein venezianischer Begleiter, nachdem ich meine Augen endlich von den üppigen Fischständen des Rialto-Marktes lösen und er mich zum Sottoportego dei Oresi lotsen konnte. Der Arkadengang in Fortsetzung der berühmten Brücke zwischen den Sestiere San Marco und San Polo ist heute eine angesagte Shoppingmeile mit Boutiquen, Läden und Ateliers. In ihren elegant oder witzig dekorierten Vitrinen locken Mode und Design, Schuhwerk, Glaskunst – und natürlich Schmuck. Schließlich gaben die Gold- und Silberschmiede, die bereits im Mittelalter nur auf der Isola di Rialto ihr Metier ausüben durften, dem Sottoportego seinen Namen. Und sorgten dafür, dass ich endlich den Kopf in den Nacken lege. Denn die oresi waren verpflichtet, das Kreuzgewölbe über ihrem Geschäft mit Fresken zu versehen – als Hinweis auf ihr Handwerk, vor allem aber als Beitrag zur Zustandserhaltung des öffentlichen Gebäudeganges. »Die Deckengemälde des Sottoportego di Rialto gehören zu den wenigen noch verbliebenen Außenfresken, mit denen berühmte Künstler wie Veronese, Giorgione, Tiziano und Tintoretto unsere Stadt im 16. Jahrhundert zur città dipinta, also quasi zu einer großen Open-Air-Galerie machten«, erzählt mein nun sichtlich zufriedener Begleiter.

Fondaco dei Tedeschi: Einkaufstempel mit Aussicht.

Ponte di Rialto (links und oben): zwischen Schmuck- und Souvenirshops hat die Parfümerie Franco überlebt. Verkauft wird u.a. ein selbst kreierter Duft in einem Flakon aus Muranoglas.

Gondelbau

EDLE SCHÖNE FÜR DIE RII

Mindestens sechs Holzarten, jedes Jahr eine neue Lackschicht, aufwendige individuelle Verzierungen und sogar ein eigenes Verkehrsschild: Venedigs Gondeln und ihre Ruderer haben seit Jahrhunderten ihre speziellen Gesetze.

Hauptsächlich aus Walnussholz wird die Rudergabel geschnitzt. Wie das Ruder selbst wird sie von speziellen Handwerkern, den »remèri«, hergestellt. Saverio Pastor ist einer von ihnen.

Ricardo wartet an diesem Morgen schon früh am Ufer des Rio San Barnaba, nur wenige Schritte vor dem Ponte dei Pugni entfernt. Seine blauen Augen schauen aufmerksam. Und er hat Glück: Ein Vater mit seinem kleinen Sohn möchte auf dem Boot des jungen, bärtigen Gondoliere eine Tour durch die Kanäle des Dorsoduro machen. Rasch sind Dauer und Route des Ausflugs geklärt.

Am nächsten Morgen suche ich Ricardo vergeblich. Aber ein Kollege hat an derselben Stelle sein Boot vertäut. »Wir tauschen regelmäßig unsere Positionen im Viertel«, erklärt er. »So hat jeder von uns die gleichen Chancen auf Kunden.« Signore Fabio an dem Ponte della Bergama bestätigt mir das Rotationsprinzip seiner Zunftgenossen. Und die an allen Standorten identischen Preise für eine Gondelfahrt. Dann erzählt er ein wenig von seinem Arbeitsgerät. Schnell merke ich: es ist für ihn weit mehr als ein solches. Wunderschön

hat er seine gondola verzieren lassen, mit einer Neptunfigur unter anderem. »Nach einem Gemälde von Tiepolo«. Tausend Euro habe ihn das gekostet. Und das ganze Boot? »Rund 45 000.«

SCHWARZ UND SCHNITTIG

Tatsächlich sind Venedigs Gondeln ebenso traditionelle wie luxuriöse Gefährte. Individuell ausgestattet und noch immer komplett von Hand gemacht. Ungefähr 500 von ihnen gleiten heute noch durch die Gewässer der Serenissima. Im 16. Jh. waren es gut 10 000. Sie dienten freilich nicht nur dem Transport, sondern auch als

Statussymbol für reiche Venezianer: geschmückt mit Vergoldungen, farbenfroh bemalt und ausstaffiert mit brokat- oder seidenbezogenen Sitzen. Der damalige Doge Girolamo Privli versuchte dieser Prunksucht Einhalt zu gebieten: Er verfügte, dass die Gondeln der Venezianer künftig schwarz zu sein hatten. Die der ausländischen Gesandten hingegen durften farbig bleiben ... . Doch schon lange bevor die gondola während des Cinquecento

Mit Leidenschaft dabei: Franco Crea, Chef der Cantiera Crea – ...

... natürlich ist der Gondelbau auch hier Handarbeit.

zum Verkehrsmittel Nummer Eins in Venedig avancierte, gehörte sie zum Alltag der Stadt. Bereits bei der Wahl des ersten Dogen 697 ist von ihr die Rede. Freilich verstand man unter dem Begriff gondola anfänglich alle flachen Boote in der venezianischen Lagune. Auf den engen rii, wie die Kanäle (außer dem »Großen«) in Venedig heißen, setzte sich freilich bald der schlanke, wendige Typus durch.

Gerudert wurden die 500 Kilo schweren Gondeln ursprünglich meist von zwei Personen. Das änderte sich erst im 19. Jh. Aber ein langes, schmales Boot, auf dessen Heck lediglich links ein Ruderer steht, der seinen Riemen stets nur auf der anderen, rechten Seite eintaucht, lässt sich kaum geradeaus steuern. Was

also tun? Der Bootsbauer Domenico Tramontin hatte eine Idee: man müsste die Form der Gondel geringfügig verändern. Also verpasste er der gondola zum Ausgleich für den fehlenden zweiten Gondoliere einen leicht asymmetrischen Körper: auf der Backbordseite 16 cm länger und 24 cm breiter als auf der Steuerbord-Seite.

400 STUNDEN FÜR EINE GONDEL

»Fast vierhundert Stunden« brauche er für eine Gondel, erzählt mir Roberto Dei Rossi, der 1985 am Südrand von Giudecca seinen eigenen squero, seine eigene Werkstatt, eröffnet hat. Jede Gondel besteht aus rund 280 Bootseinzelteilen, sogenannten pezzi. Und sechs bis acht Holzarten kommen normalerweise auf ihren knapp 11 m Länge und rund 1,5 m Breite zum Einsatz: Hartes Eichenholz für die Seiten, Salzwasser resistentes Fichtenholz für den Rumpf, leicht

biegbare Kirsche für die Querteile, elastisches Ulmenholz für die Innenrippen, für das Trittbrett harzig-harte Lärche, dazu noch wetter-unempfindliche Linde, astlochfreies, breites Mahagoni und Walnussholz für die Rudergabel. Sie wird von speziellen Handwerkern, den remèri, hergestellt. Saverio Pastor ist einer von ihnen. Und sagt stolz: »Jede forcola ist ein Einzelstück, maßgefertigt für den jeweiligen Ruderer.« Doch selbst Menschen ohne eigenes Boot begeistern sich für das mehrfach eingebuchtete Nussbaum-Teil. »Als Skulptur wird so manche forcola unter Sammlern inzwischen hoch gehandelt«, weiß auch Ricardo, den ich nach vier Tagen wieder nahe dem Marktschiff an der Brücke der Fäuste entdecke ... .

Die Gondel gilt als Königin der Wasserwege. Mit ihr werden niemals Lasten befördert, sie ist dem Personentransport vorbehalten.

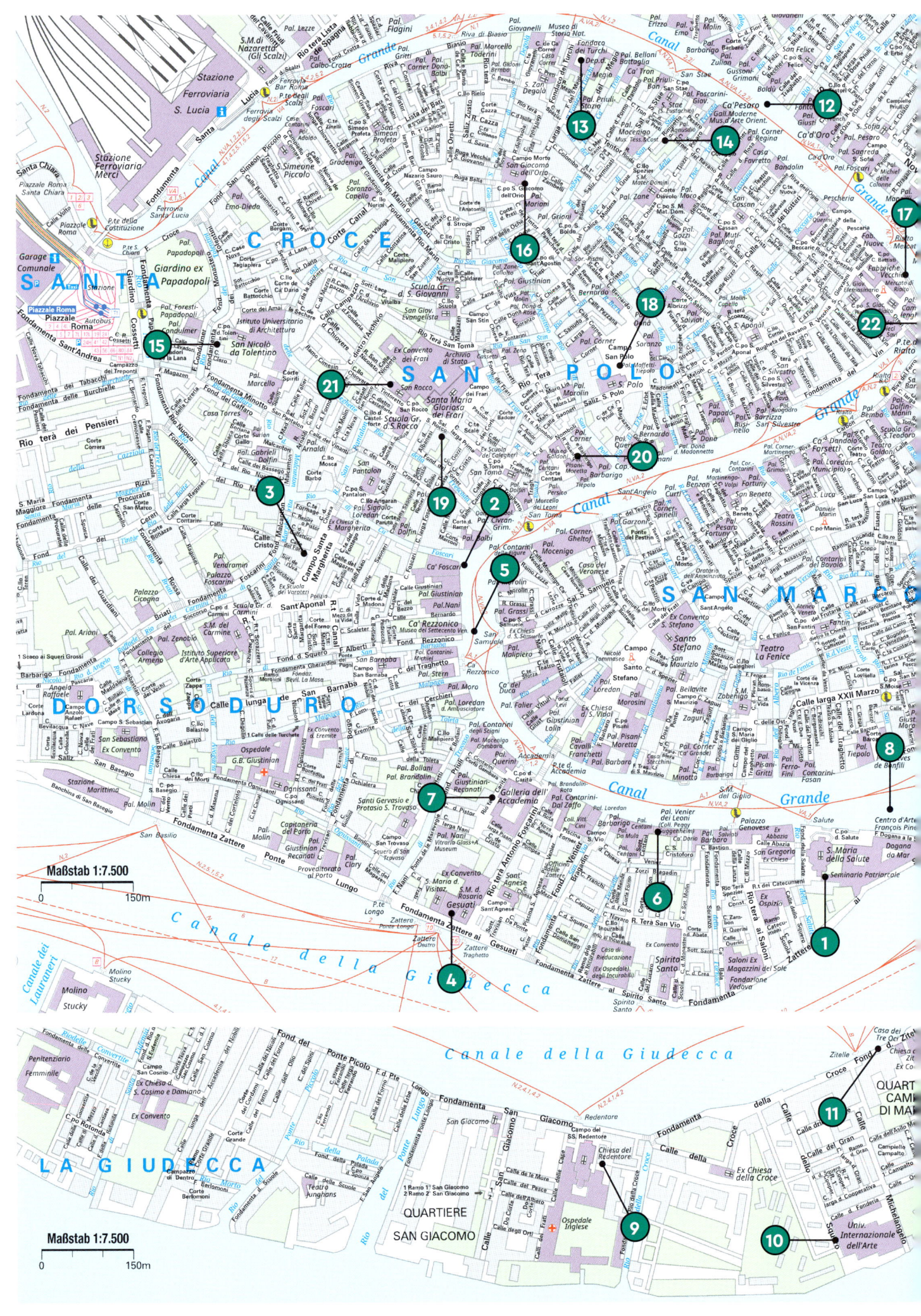

LEBENDIGER ALLTAG UND GANZ VIEL FLAIR

Voller spannender Kontraste präsentieren sich das südliche venezianische Sestiere Dorsoduro mit der Insel Giudecca sowie Santa Croce und San Polo im Westen der Lagunenstadt. Zwischen Alt und Neu pulsiert in ihren Mauern und Gassen, auf ihren Campi lebendiger Alltag.

DORSODURO

Im Zeichen des Wissens und der Kunst, aber auch der historischen Industrie steht das große Sestiere, das vom Südufer des Canal Grande bis zum Canale della Giudecca reicht. Der Name Dorsoduro (harter Rücken) bezieht sich auf den

Palazzo Barbarigo am Canal Grande: Mosaiken aus Murano-Glas bilden den 1886 hinzugefügten Fassadenschmuck.

teils felsigen Untergrund, auf dem der Stadtteil errichtet wurde.

SEHENSWERT

Augenfälligstes Bauwerk Dorsoduros ist die weiße Basilika ❶ Santa Maria della Salute (17. Jh.) an der Punta della Dogana, ganz im Osten von Dorsoduro. Mit dem Palazzo der Universität ❷ Ca' Foscari im Westen markiert sie die Grenzen des Sestiere. Dazwischen liegen direkt am Canal Grande u.a. der private »Mysterien-Palast« Ca' Darlo (15. Jh.), der ebenfalls eine prächtige Fassade aufweisende Glasmacher-Palazzo Salviati sowie eine Handvoll Museen. Der aus der Frührenaissance stammende Palazzo Contarini Polignac ist zugleich Familiendomizil der Nachfahren von Winaretta Singer, der Tochter des US-Unternehmers und Erfinders Isaac Singer und Veranstaltungsort für Kultur, Kunst und Musik. Nahe dem von Restaurants und Bars gesäumten, auch bei Venezianern beliebten ❸ Campo Santa Margherita beeindruckt die schlichte

Chiesa San Pantalon mit einem Rekord: ihre Decke ziert eines der größten historischen Leinwandgemälde der Welt. Seine gut 400 m² sind allerdings aus vierzig Leinwänden zusammengefügt. In der als Il Gesuati bekannten Kirche ❹ Santa Maria del Rosario (Fondamenta Zattere Ai Gesuati) nahe der Werft Squero San Tommaso schuf Tiepolo mit den Fresken zur Rosenkranz-Madonna und San Domenico zweifelsohne sein venezianisches Meisterwerk.

MUSEEN

Wie Perlen reihen sich am Dorsoduro-Abschnitt des Canal Grande drei wichtige Sammlungshäuser: das ❺ Ca' Rezzonico (Mo., Mi.–So. 10.00 bis 18.00 Uhr, 10 Euro, https://carezzonico.visitmuve.it) mit Kunstwerken und Möbeln vor allem aus dem 18. Jh. Die ❻ Collezione Peggy Guggenheim im Palazzo Venier dei Leoni und seinem Garten (704 Fondamenta Venier dei Leoni, Mo., Mi.–So. 10.00–18.00 Uhr, 16 Euro, www.guggenheim-venice.it) ist ein Hort exquisiter Werke moderner Kunst vor allem der ersten Hälfte des 20. Jh.s. Die ❼ Gallerie dell'Accademia (Campo della Carità, Mo. 8.15–14.00, Di.–So. 8.15–19.15 Uhr, 15 Euro, https://www.gallerieaccademia.it) ist in drei angrenzenden Gebäuden untergebracht: in der Kirche Santa Maria della Carità und der gleichnamigen Scuola sowie in Palladios Konvent der Laterankanoniker. Sie birgt die weltweit größte Sammlung klassischer Kunst aus Venedig und dem Veneto. Die Akademie, die auch dem benachbarten Ponte dell'Accademia ihren Namen gab, wurde 1750 als Kunstschule gegründet und sammelte bereits im ersten Jahrhundert

Punta della Dogana: Vom Dach des Zollhauses grüßt die Göttin Fortuna, sie steht auf einem von Atlasfiguren getragenen Globus.

Blick von der Punta della Dogana hinüber nach San Marco mit dem Campanile.

ihres Bestehens aus Kirchen und Orden, die durch napoleonische Dekrete unterdrückt wurden. In ihren Sälen sind Werke von Bellini, Tizian, Carpaccio, Mantegna, Veronese und vielen anderen hochrangigen Künstlern versammelt. Den östlichen Außenposten von Dorsoduro bildet die ❽ Punta della Dogana mit dem im 17. Jh. erbauten Zollhaus der Seerepublik. In diesem Gebäude sind Teile der Sammlung von François Pinault ausgestellt (weitere Kunstwerke im Palazzo Grassi, Mo., Mi.–So. 10.00–19.00 Uhr, 18 Euro, www.palazzograssi.it).

ÜBERNACHTEN

Ruhig, kreativ gestaltet von üppig venezianisch bis modern: das Boutique-Hotel €€–€€€ Avogaria (Calle Dell'Avogaria 1629, www.avogaria.com) atmet den Zauber Venedigs und persönlichen Engagements.

RESTAURANT

Die fantasievollsten cicchetti Venedigs kommen aus der Hand der Damen der €–€€ Cantina Schiavi (Fondamenta Nani, Tel. 0039 041 523 00 34, www.cantinaschiavi.com, So. geschl.). Man isst die köstlichen Brothappen im Stehen, zu einer ombra, umgeben von Weinregalen.

EINKAUFEN

Nicht nur bei Hochwasser ist es eine gute Idee, den Schuhladen Acqua Marea (Calle San Pantalon) aufzusuchen. Zwar ist die Auswahl an Gummistiefeln groß, doch findet man hier auch andere modische Schuhe. Auf der Suche nach einem ausgefallenen Souvenir wird man vielleicht auch bei **PerlaMadreDesign** fündig (Calle del Fabro, in der Nähe von Ca'Rezzonico). In der kleinen Werkstatt wird ausgefallener Schmuck aus Muranoglas produziert.

LA GIUDECCA

Handwerkliche Tradition und industrielles Erbe, gepaart mit der zaghaften Blüte von Kunst und Eleganz charakterisieren die – wie das benachbarte Sacca Fissola und Sacca San Biago – zum Sestiere Dorsoduro zählende Insel. Sie ist 2 km lang und bis zu 300 m breit.

SEHENSWERT
Neben dem Backsteinkomplex der historischen Getreidemühle und Nudelfabrik Molino Stucky (1880), die heute ein Luxushotel beherbergt, ist die ❾ **Chiesa Il Redentore** (16. Jh.) das augenfälligste Bauwerk der Insel. Geplant von Andrea Palladio, birgt sie Meisterwerke u.a. von Tintoretto und Veronese – und ist zudem der Bezugspunkt für das berühmte Redentore-Fest (3. Julisonntag). Sie liegt direkt an der Uferpromenade zum **Canale della Giudecca TOPZIEL**, von der sich ein herrlicher Blick auf das gegenüberliegenden Dorsoduro-Ufer bis hin zu San Marco bietet. Romantisch ist es, hier abends in einer der Bars den Sonnenuntergang zu erleben. Auf

Linienboot unterwegs Richtung Punta della Dogana.

dem Gelände einer alten Seifenfabrik steht die ❿ **Villa Hériot**. Um 1920 im Auftrag der französischen Philanthropin Cyprienne Hériot erbaut, birgt sie heute u.a. den Sitz der Università Internazionale dell'Arte (UIA), deren Studenten hier das Restaurieren von Kunstwerken erlernen.

MUSEUM
Die neogotische ⓫ **Casa dei Tre Oci** (Fondamenta Zitelle, Mo., Mi.–So. 11.00–19.00 Uhr, 13 Euro, www.treoci.org), ursprünglich das Studio-Haus des Bologneser Malers Mario de Maria (1852–1924), zeigt regelmäßig beachtenswerte Ausstellungen international bekannter Fotokünstler.

Im Restaurant Riva Rialto speist man direkt am Canal Grande.

ERLEBEN
Neben den KünstlerAteliers im **Giudecca Art District** (GAD), der auch zwei Gondelwerften birgt, künden u.a. die Glaskunst-Werkstatt (www.stefanomorasso.it) und das Studio der Malerin Monica Martin im Arkadenhof des ehemaligen Klosters der Santi Cosimo e Damiano vom künstlerischen und handwerklichen Alltag auf Giudecca. Vorbuchen muss man indes den Besuch im Showroom der historischen Stofffabrik **Fortuny** (https://fortuny.com). Die normale Gegenwart mit Wohnblöcken, Sportplatz, Schwimmbad und Freitagsmarkt verkörpert das um 1950 aufgeschüttete Inselchen **Sacca Fisola**.

RESTAURANT
Rahmkabeljau, Sepianudeln, venezianische Leber: in der alteingesessenen €€–€€€ **Trattoria Altanella** (Calle delle Erbe 268, Tel. 0039 041 522 77 80) kümmert sich der Chef oft noch persönlich um seine Gäste.

ÜBERNACHTEN
Venezianisches Flair mit Deckenbalken und Steinsäulen bieten die 30 Zimmer des charmanten 3-Sterne-Hotels €€ **Giudecca Venezia** (Corte Ferrando 409/C, www.hotelgiudeccavenezia.it) in einem ruhigen Wohnviertel der Insel.

SANTA CROCE

Viel Lokalkolorit bietet das wohl bescheidenste Sestiere Venedigs. Doch vor allem an seiner dem Canal Grande zugewandten Seite birgt es auch eine Fülle historischer Palazzi und eindrucksvolle Sakralbauten. Der Verkehrsknoten Piazzale Roma und die Fracht- und Kreuzfahrtterminals zählen ebenfalls zu Santa Croce.

SEHENSWERT UND MUSEEN
Bekanntestes Monument von Santa Croce ist der von Venedigs berühmtem Barock-Architekten Baldassare Longhena geplante Palast ⓬ **Ca' Pesaro** am Canal Grande. Er beherbergt seit 1902 die städtische **Galleria Internazionale d'Arte Moderna** (Di.–So. 10.00–17.00 bzw. 18.00 Uhr im Sommer, 10 Euro, https://capesaro.visitmuve.it). Im dritten Stock ist das **Museo d'Arte Orientale** untergebracht (Eintrittspreis berechtigt zum Besuch beider Museen). Ebenfalls am Canal Grande steht der imposante ⓭ **Palazzo Fondaco dei Turchi** (13./19. Jh.). Die einstige Handelsniederlassung der türkischen Händler Venedigs ist heute Sitz des **Museo di Storia Naturale** (Di.–So.

11.00–17.00, im Sommer 10.00–18.00 Uhr, 10 Euro, https://msn.visitmuve.it), das u.a. die Unterwasserwelt der Lagune zeigt. Unweit südöstlich steht am Rio di San Stae der prächtig ausgestattete ⓮ **Palazzo Mocenigo** (17. Jh., https://mocenigo.visitmuve.it). Er ist zugleich Studienzentrum und Museum zu den Themen historische Stoffe, Mode und Parfüm (Di.–So. 10.00–18.00 Uhr). Ebenfalls ein Hort historischer und aktueller Studienzwecke ist das ehemalige Konventsgebäude der Tolentiner; die zugehörige Kirche ⓯ **San Nicolò da Tolentino** (17./18. Jh.) orientiert sich am Prinzip Palladios, ist aber üppig mit Stuck, Fresken, Gemälden und farbigen Marmorfußböden ausgestattet. Eine der ältesten Kirchen der Stadt ist ⓰ **San Giacomo dell'Orio** (9./15. Jh.) auf dem gleichnamigen kleinen Campo. Sie birgt ein Werk und das Grab des zu den bedeutenden Malern des Rokkoko zählenden Giovanni Battista.

ERLEBEN
Der historische Hauptsitz der noch aktiven Samtweberei **Tessitura Luigi Bevilacqua** (www.luigibevilacqua.com) und der **Spazio Creativo Pierre Cardin** (Calle della Regina) empfangen Besucher). Dort sind einige der »Gebrauchsskulpturen« des französischen Designers versammelt.

RESTAURANT
Am Ufer eines schmalen Kanals liegt die familiäre €€ **Osteria Trefanti** (Rio Marin 888, Tel. 0039 041

JAZZ LIVE

Tagsüber verirrt sich kaum jemand an das schmale Nordufer des Rio di San Barnaba. Abends aber leuchten dort farbige Lampen in einem Fenster, und durch die offene Tür fällt der Blick auf ein Podium mit Schlagzeug und Klavier: Latin, Bossa Nova und vieles mehr hat das VJC Quartet im Repertoire, Clubchef Frederico sitzt meist selbst am Piano.

*Venice Jazz Club
Dorsoduro 3102, Ponte dei Pugni
www.venicejazzclub.com, ab 19.00 Uhr
geöffnet, Konzerte beginnen um 21.00 Uhr,
Eintritt (inkl. Welcome-Drink) 20 €*

520 17 89, www.osteriatrefanti.com) mit raffinierten venezianischen Gerichten – und köstlichen Dessertkreationen des Chefs.

SAN POLO

Venedigs kleinstes Sestiere ist mit seinem Markt, vielen Weinstuben und kleinen Läden auch eines der belebtesten. Es liegt in der großen Schleife des wie ein umgekehrtes S geformten, rund 4 km langen und 30 bis 70 m breiten Canal Grande. Neben dem zweitgrößten Platz der Stadt birgt es auch imposante Zeugnisse von Kunst und Architektur.

SEHENSWERT
Der Ponte di Rialto (s. S. 38) verbindet die beiden Viertel San Marco und San Polo. Von hier ist es nicht mehr weit bis zum **17** Mercato di Rialto **TOPZIEL** (tgl. 7.30–12.30 Uhr). Es war bereits im 11. Jh. der wichtigste Handelsplatz Venedigs. Am besten man kommt frühmorgens, dann erlebt man hier noch ursprüngliches venezianisches Marktleben. Nicht versäumen: den Fischmarkt, der an den Obst- und Gemüsemarkt grenzt. An das nahe historische Rotlichtviertel erinnert der Ponte delle Tette über den Rio Carampane. Die **18** Chiesa San Polo (9./15. Jh.) am weitläufigen, von den Palazzi Dona, Sorano, Maffetti Tiepolo und dem erst seit 2022 öffentlich zugänglichen **Palazzo Vendramin Grimani** (www.fondazionealberodoro.org) gesäumten Platz gleichen Namens zieren Werke von Tintoretto, Veronese und Tiepolo. Über den romantischen Campo San Toma gelangt man zum eindrucksvollen Komplex der **19** Chiesa Santa Maria Gloriosa dei Frari (12./14. Jh.), den u.a. ein Werk des hier auch begrabenen Tizian schmückt.

MUSEEN
Die **20** Casa Carlo Goldoni (Rio Terà dei Nomboli, Mo., Di., Do.–So. 10.00–16.00 Uhr, 5 Euro, https://carlogoldoni.visitmuve.it) erinnert an den in diesem gotischen Palast 1707 geborenen Theaterdichter. Am Campo San Rocco liegen die **21** Chiesa San Rocco (15. Jh.) mit dem Schrein ihres Namensgebers und die **Scuola Grande di San Rocco** (16. Jh., tgl. 9.30 bis 17.30, 10 Euro, www.scuolagrandesanrocco.org). Sie ist der besterhaltene der sechs großen Bruderschafts-Bauten Venedigs und birgt Tintorettos biblischen Freskenzyklus sowie ca. 60 Werke weiterer bekannter Künstler. Auch ein kleines **Leonardo-Da-Vinci-Museum** (tgl. 10.00 bis 18.30 Uhr, www.davincimuseum.it, Ticket online: 8,90 €) liegt an ihrer Seite.

RESTAURANT
Mit venezianischen Spezialitäten in bester Qualität erfreut die €€ **Osteria Fanal del Codega** (Fondamenta del Forner, 2924, Tel. 0039 041 303 12 44, www.osteriafanaldelcodega.com).

EINKAUFEN
Über die Rialto-Brücke mit ihren Schmuck- und Souvenirläden gelangt man zum noch im Sestiere San Marco, direkt am Canal Grande stehenden **22** Fondaco dei Tedeschi. Der einstige Sitz der deutschen Kaufleute wurde aufwendig restauriert und ist heute eine elegante Einkaufsmall. Hier findet man edle Boutiquen, Delikatessenläden und Geschenkeshops. Von der Dachterrasse des Baus hat man ein herrliches Panorama über Venedig.

BIO-VEGANE GAUMENFREUDEN

»Tontopf« bedeutet das erste Wort im Namen des kleinen Restaurants La Tecia Vegana, welches Cinzia und Thomas als überzeugte Veganer 2017 eröffneten. Es versteckt sich in einem ehemals industriellen Viertel, das heute vor allem geprägt ist von studentischem Leben.

Doch sind es vor allem Venedig-Besucher, die sich an den wenigen Tischen unter der Sonnenmarkise oder im kleinen Innenraum hinter der Klinkerfassade niederlassen.

Auf der Speisekarte der früher auf dem Ausstattungs- und Biobau-Sektor tätigen Restaurantbetreiber stehen zur Vorspeise unter anderem Bohnenfalafel, Panzanella (Brotsalat) oder Saor di Melanzane (sauer eingelegte Auberginen). Als Pasta-Gerichte gibt es z.B. weiße und schwarze Ravioli mit Seitan, Steinpilzen und Cashewnüssen oder Zucchini-Spaghetti mit Avocado, getrockneten Tomaten und schwarzem Knoblauch. Auch ein Linsenburger steht zur Wahl. Als Beilagen werden je nach Saison Ofenkartoffeln, Fenchel mit Kapern, Chicoree oder Catalogna (Blattzichorie) serviert.

Restaurant La Tecia Vegana – köstliche vegane Kreationen, z.B. Spaghetti mit Zucchini, Avocado und getrockneten Tomaten.

Tierprodukte sind selbstverständlich absolut tabu; die verwendeten Zutaten stammen aus biologischem Anbau. Das gilt auch für die Desserts: Orangen-Cheesecake, Haselnuss-Schoko-Trüffel, Pistazien-Cantuccio oder Tiramisu.

Adresse: La Tecia Vegana, Dorsoduro 2104, Calle dei Secchi Tel. 0039 04 15 24 62 44 oder 0039 34 77 43 75 05, www.lateciavegana.com/en (Vaporetto-Station Santa Maria oder 15 Min. Fußweg von der Piazzale Roma)

Öffnungszeiten: Di.–Sa. nur abends (ab 19.00 Uhr), So. 12.00–14.15 Uhr, Mo. geschl.

*

EIN FRAGILES PARADIES

*

Venedigs Lagune bezaubert mit mehr als hundert Inseln. Bunt wie Burano, üppig wie Sant'Erasmo, mondän wie der Lido. Mit den Nehrungen von Chioggia und Jesolo bildet das Filmfest-Eiland auch die Grenze zum offenen Meer.

Nur zehn Schiffsminuten vom Markusplatz entfernt, lockt der Lido mit Sonne, Sand und Meer.

117 Inselchen gibt es in der Lagune von Venedig – viele bestehen nur aus Salzmarschen.

Strandspaziergänge, Gelato schlecken, sonnenbaden, spielen – alles ist möglich am 11 km langen Lido.

T utte le bici sono prestite! Abbiamo la Mostra… .« Alle Fahrräder sind ausgeliehen! Wegen der Eröffnung der Filmfestspiele. Eher Stolz als Bedauern schwingt in der Stimme des Besitzers des Noleggio bici auf der Hauptstraße des Lido di Venezia. Gut, dann gehen wir halt zu Fuß. Erst noch ein Spaziergang zum Strand, dann zur Eröffnung der Filmfestspiele. Die ersten Damen in langen Roben schreiten schon die Freitreppe des Hotels Ausonia & Hungaria herab. Aber auch ohne Gala-Outfit ist das Festivalgelände für alle geöffnet. Taschenkontrolle – und schon beginnt das Spektakel. Nicht die Filme, für die braucht es reservierte Karten. Sondern das Defilee der Stars, Sternchen und Sponsoren auf dem – hinter Sichtblenden verborgenen – roten Teppich. Die kurze Strecke zwischen dem Portal des historischen Grand Hotel Excelsior oder seines Bootsanlegers bis zum Palazzo del Cinema müssen die Geladenen »ungeschützt« zurücklegen. Da lässt es sich wunderbar schauen, kommentieren, das Handy zücken zum Fotografieren. Nur wenige Schaulustige beachten die riesige Leinwand, über die der Einzug der Filmgrößen und ihrer Entourage in den Festivalpalast flimmert, live dabei sein, ist doch viel besser.

SPITZEN UND WEICHE KRABBEN

Wie eine geballte Faust liegt Burano im Zentrum eines großen Inselgewirbels der nördlichen Lagune. Gezeiten gibt es in diesem Süßwassergebiet kaum, und am Abend kehrt auf der als Zentrum der venezianischen Spitzenproduktion bekannten Insel wieder Stille ein. Dann sind die Menschenströme vor

den leuchtend bunten Fassaden (die den Fischern ursprünglich helfen sollten, ihr Häuschen auch bei Nebel oder nach langer Abwesenheit schon von Ferne zu erkennen) verebbt; der einzige große Platz der Insel mit der alten Schule der Spitzenkunst liegt wieder verlassen. Denn es gibt auf Burano nur ein einziges Hotel und ein paar private Appartements.

Wie ein dünner Faden verbindet ein schmaler Steg Burano mit ihrer Nachbarin Mazzorbo. Nicht nur deren rechteckige Gestalt unterscheidet sie von Burano. Grün und unaufgeregt empfängt sie den Gast; ungestört spaziert er an einigen Gärten und Häuschen vorbei zum Kirchlein Santa Catarina. Vor der an diesem Tag einzig geöffneten der drei Trattorien ankern einige Privatboote, deren Besitzer über die Kaimauer klettern, um an ihren weißgedeckten Tisch zu gelangen. »Moeche«, die berühmten weichen Krabben der Lagune, bietet die Küche an diesem Septembertag noch nicht an, »morgen vielleicht«, sagt der Kellner. Es gibt nicht mehr viele Fischer, die auf das Fangen dieser im Herbst und Frühjahr ihren Rückenpanzer abwerfenden Krabben spezialisiert sind. Zunehmende Umweltverschmutzung und Muschelfarmen bedrohen die Bestände und somit dieses uralte Gewerbe. Zwar startete Ende 2021 das auch Venedigs Lagune umfassende WaterLANDS-Projekt der EU zur Regeneration von sechs europäischen Feuchtgebieten. Doch es ist auf einen Zeitraum von fünf Jahren ausgelegt. Ob es dann noch moeche gibt? Frittiert oder gebraten gelten sie in der gesamten Serenissima als Delikatesse. Der Wein dazu wächst übrigens auch auf Mazzorbo.

Luxushotels am Lido: Grand Hotel Excelsior (oben), Ausonia & Hungaria
(unten). Ganz unten: San Lazzaro degli Armeni

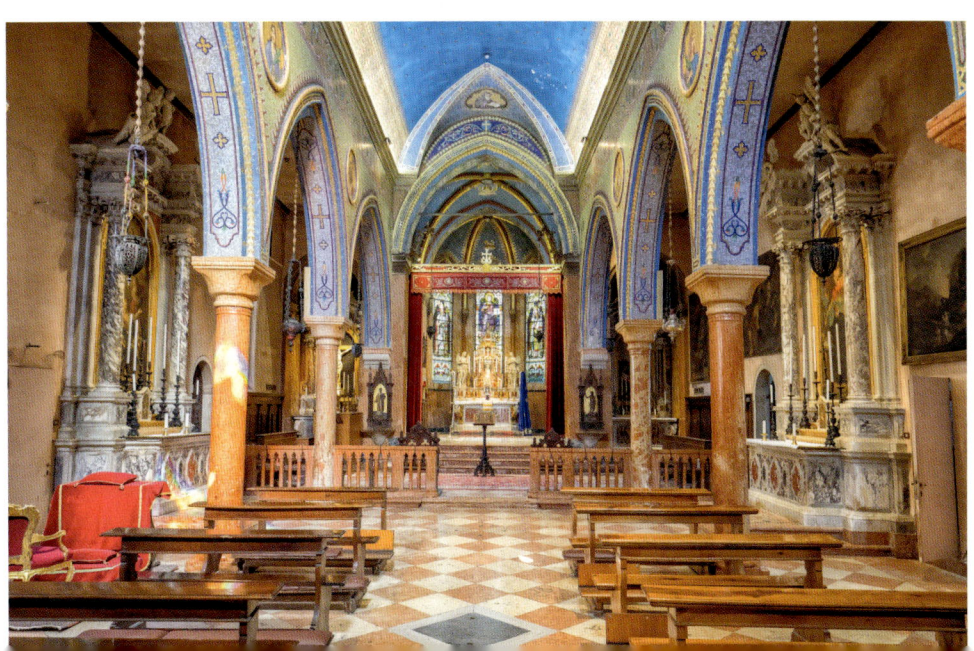

Murano ist eine Miniaturausgabe von Venedig mit acht Kanälen und elf Brücken, hier der Ponte Longo.

ERSTES INDUSTRIEGEBIET DER WELT

Als brandgefährlich aber auch geheimnisumwittert galt schon im Mittelalter die Kunst der Glasherstellung in Venedig. Die Öfen der Meister fanden sich vorwiegend in den Sestieri Castello und Cannaregio – bis man 1291 Murano als neuen Standort auserkor. So entstand auf dem Inselchen das erste Industriegebiet der Welt. Es blühte bis zum Niedergang der Republik Venedig. Heute widmen sich auf Murano noch etwa 200 mestre vetraria in etwa fünfzig Betrieben der Produktion von Glasobjekten – sowohl künstlerisch als auch souvenirorientiert. Manch einer dieser fornace geht zurück auf die zweite Muraneser Glashandwerks-Blüte im 19. Jh., als sowohl

eine entsprechende Fachschule auf der Insel entstand als auch die Società Veneziana per l'Industria delle Conterie, zu der sich mehrere, auf die Produktion von kleinen Perlen spezialisierte Glasfabrikanten zusammenschlossen. Im Hauptbereich dieser Industrieanlage ragten die Schlote von achtzehn Glasöfen in den Himmel, in denen die aus Glasstäben geschnittenen Perlen gerundet wurden. Gut tausend Menschen fanden Arbeit in der neuen Fabrik. Sie schnitten, wuschen und polierten die winzigen Glaspasten-Objekte und zogen sie schließlich auf Leinenfäden. Letzteres war Frauensache. Erst gut hundert Jahre nach ihrer Eröffnung kam für die Fabbrica delle Conterie das endgültige Aus.

Zweimal Spitzenkunst: edle Kreationen bei EMILIA BURANO (links) und im Showroom von Venini auf Murano (rechts).

Wegen seiner bunten Häuschen gilt Burano als malerischste Insel der Lagune.

In den Werkstätten der Glasmacher von Murano kann man zuschauen, wie die farbigen zerbrechlichen Kunstwerke entstehen, hier in der Werkstatt von Massimilian Schiavon.

Im Turm der Kirche Sant'Andrea
von Chioggia wurde das Museum
»Torre dell'Orologio« eingerichtet.

WOHNUNGEN STATT PERLEN

Inzwischen ließ die Gemeinde Venedig auf dem etwa 20 000 m² großen Gelände des Industriekomplexes sechzig Wohnungen bauen – vor allem für junge Familien, die sich die Mieten im Zentrum kaum leisten können und daher meist abwandern aufs Festland. Ein Teil der neuen Unterkünfte hat Sozialbaustatus; die monatlichen Mietkosten überschreiten kaum 500 Euro. Auch Privatunternehmer engagierten sich auf dem Areal, von dessen Vergangenheit noch zwei der hohen Schlote und viel Backsteinmauerwerk künden. Ein kleines Hotel wurde auf ihm bereits ebenso eingerichtet wie ein modernes Restaurant mit Ausstellungsflächen und einem Shop für exklusiv hergestellte Glaswaren lokaler Designer. Vielleicht finden diese jungen Objekte ebenso ihren Weg nach Aachen, Paris oder London, wie einst die Muraneser Glasmosaike, die dort den Dom, die Oper oder auch Westminster Abbey schmücken.

Canale Vena: Mehrere Brücken überspannen
Chioggias Hauptkanal.

> **»DIE ERSTE UND EINZIGE ROUTE, DIE ICH DIR EMPFEHLEN MÖCHTE ..., HEISST ZUFALL ... .«**
>
> Tiziano Scarpa (geb. 1963)

KLEIN-VENEDIG OHNE GONDELN

Ein Versprechen. Chioggia ist ein Versprechen. Wer es auf dem Landweg ansteuert, quert minutenlang auf einer schmalen Dammstraße Salzwiesen und Wasser. Fischerboote links und rechts; ein paar Muschelsammler stehen hüfthoch mit Eimern in der Lagune. Doch am schönsten ist die Ankunft per Schiff aus Richtung Venedig. Dann umfasst der Blick sogleich ein kleines Eiland mit drei Kanälen, in denen viele Privatboote unterwegs sind. Ansonsten fährt man Rad, sogar unter den Uferarkaden des zentralen Canale Vena: zur Apotheke vielleicht oder zum gegenüberliegenden Fischmarkt mit seinen roten Markisen, in dem es morgens schon ab vier Uhr hoch hergeht. Auf dem Corso del Popolo wird in den Trattorien geschmaust, an den Tischchen der gelateria ein Eis geschleckt, das Angebot der diversen Läden geprüft. Rathaus, Post und das Polizeirevier liegen an dem breiten Corso.

In Chioggia geht es deutlich entspannter zu als in der»großen Schwester« Venedig.

Bragozzi, bunte Fischerboote aus Holz, waren einst für Chioggia typisch, heute sieht man eher schnittige Motorboote.

Wer nicht mit dem Boot unterwegs ist, nimmt meist das Rad in Chioggia – hier am Canale Perotolo.

Gemüseinsel Sant'Erasmo

ARTISCHOCKEN UND MEHR

Schon im Mittelalter galt Sant'Erasmo als Gemüsegarten Venedigs. Bis zum großen Hochwasser 1966 wuchsen dort großflächig auch Reben, Obst- und Olivenbäume. Inzwischen betreibt nur noch ein Fähnlein Aufrechter auf der Insel professionell Landwirtschaft.

Cappanone«, sagt Carlo morgens um halb acht am Telefon. »Nehmt den Halt Cappanone, nicht Kirche«. Eine halbe Stunde später legt das Schiff am Nordwestzipfel von Sant'Erasmo an. Niemand außer uns geht von Bord; ein einziger Passagier steigt zu. Auf dem Parkplatz des Anlegers stehen fast nur Fahr- und Motorräder sowie zwei kleine alte Pkw. Ein dritter kommt, mit Carlos Frau Cosetta am Steuer, langsam die Via delle Motte herauf – die einzige wirkliche Straße von Venedigs größter Insel. Sie führt einmal komplett um ihren grünen Felderteppich herum, verbindet die verstreuten Weiler an der Küste mit dem Hauptort. Ansonsten: Fußpfade und ein paar unbefestigte Querverbindungen. Über eine von letzteren holpert Cosetta nun mit uns zur Azienda der Familie. Carlo Finotello und sein Bruder Claudio führen den Hof in dritter Generation. Sie zählen damit zu den wenigen der rund 200 Einwohner von Sant'Erasmo, die noch professionell Landwirtschaft betreiben.

DREI ERNTEN IM JAHR

»Wir haben mitunter bis zu drei Ernten im Jahr. Und ganz verschiedene Böden«, erklärt Cosetta. »Die eher

sandigen, mit Muscheln durchsetzten Böden sind gut für Salat, Portulak, Chicorée oder Kartoffeln«. Auf der anderen Seite eines der schmalen Bewässerungskanäle, die Sant'Erasmo durchziehen (und einst eigentlich zur Fischzucht angelegt worden waren) erreichen wir ein Feld mit deutlich lehmigem Charakter. »Ideal für Artischocken«. Die berühmteste Sorte heißt Castraura; angebaut werden aber auch Mazzetta, Bottolo und Fondi. Von April bis Juni haben die köstlichen Distelgewächse Saison. Bei unserem Besuch im September leuchten indes Tomaten aller Größen und Farben, Peperoni und Peperoncini, grüne Bohnen und gelbe Kürbisse; es gibt Weißkraut und melanzane fino – junge, schmale Auberginen. Zudem ist Zucchini-Zeit.

ÜBERRASCHUNGSTÜTEN FÜR KUNDEN

Fast alles, was die Brüder heute anbauen auf ihren knapp zehn Hektar geht in den Direktverkauf. Die Kunden kommen per Boot auf einem der Kanäle direkt zum Hof – oder Carlo und Claudio ziehen mit ihrer Barke los in die Stadt. Liefern Bestellungen aus, bieten auch »Überraschungstüten« an mit Obst und Gemüse der Saison. Nur noch Weniges geht auf den Markt. »Früher waren wir nur dort, wurden aber oft nur alle zwei Monate bezahlt«, sagt Carlo. Auch die Belieferung von Restaurants sei schwierig. »Die wollen

Nur noch wenige Erzeugnisse der Gemüseinsel Sant' Erasmo landen auf den Märkten.

das ganze Jahr über die gleichen Sachen – und zwar zu kleinen Preisen«. Für ihren Verkauf ab Hof kooperiert die Familie mit anderen Produzenten von der Insel, darunter den beiden Winzern und dem Betreiber der einzigen Bio-Farm der Lagune. Die Finotellos arbeiten zwar auch nach dem Naturprinzip, aber ohne Zertifikat. »Was wir verkaufen, essen wir auch selber«, schmunzelt Carlo. Und saust nach der Kaffeepause los, um mit Claudio weitere Herbstfrüchte zu ernten.

Wenn das Gemüse frisch ist, mundet es einfach am besten (links). Besonders schmackhafte kleine Auberginen gedeihen auf Sant'Erasmo (große Abb. links).

EINE WELT FÜR SICH

Eine Welt für sich ist Venedigs Lagune. Ihre Inseln künden unter anderem von uraltem Handwerk wie Murano und Burano, von Filmkunst und Fin-de-Siècle-Glanz wie der Lido oder von fremder Glaubenskultur wie San Lazzaro degli Armeni. Der Seehafen Chioggia indes gilt als kleines Venedig.

LIDO

Lange Strände und das Internationale Filmfestival prägen die schmale, gut zwölf Kilometer lange Insel, die – mit dem benachbarten Pellestrina – Venedigs Lagune vom offenen Meer trennt. Schattige Alleen, nette Geschäfte und

15 km feinster Sandstrand, Sportangebote für jeden Geschmack, Promenaden und ein lebendiges Nachtleben – all das ist Jesolo.

elegante Jahrhundertwende-Architektur laden ein zum Entdecken – am besten mit dem Fahrrad. Oder per Bus!

SEHENSWERT
An der Hauptader **Gran Via di Santa Maria Elisabetta** nahe dem Schiffsanleger konzentrieren sich Geschichte und Alltag der Insel: das Grand Hotel Ausonia & Hungaria ist hier der augenfälligste Hinweis auf die zahlreichen Jugendstilbauten, vor allem Privatvillen wie z.B. in der Via Dandolo oder der Via Dardanelli nahe dem Casino- und Festspielgelände mit dem maurisch anmutenden Grand Hotel Excelsior (1907). Die Kirche **San Nicolò** birgt Reliquien des Heiligen Nikolaus von Bari, die venezianische Seefahrer aus dem Dom der Stadt Myra an der Südküste Kleinasiens geraubt hatten. Zudem findet hier die Abschlussmesse der venezianischen Himmelfahrts-Bootsprozession (Festa della Sensa) statt. In der Gegend von San Nicolò entstand 1386 der erste jüdische Friedhof Venedigs.

ERLEBEN
Echter Kontrast zur Jugendstil-Eleganz: An der lagunenseitigen Küste des Lido di Venezia lockt das verträumte **Malamocco** mit dörflichem Flair. Am schönsten ist es, sich dem ersten Sitz der venezianischen Dogen mit einem Spaziergang entlang der meerseitigen historischen Schutzmauern (Murazzi) zu nähern. Hinter dem Alberoni-Strand ganz im Süden liegt zudem ein historischer 18-Loch-Golfplatz.

ÜBERNACHTEN
In einer restaurierten Jugendstilvilla bietet das ruhige €€–€€€ **B & B Villa Contarini** gehobenen zeitgenössischen Komfort (Via Contarini 8, Tel. 0039 041 276 08 67, www.villacontarinibnb.com).

RESTAURANTS
Fast nur aus lokalen Produkten bereitet das von Gärten umgebene Bauernhof-Restaurant €€ **Le Garzette** typisch venezianische Gerichte und eigene Kreationen (Lungomare Alberoni 32, Tel. 0039 041 73 10 78, https://legarzette.it).

VERANSTALTUNG
Das erste venezianische **Filmfestival** fand 1932 mit großem Erfolg im Hotel Excelsior am Lido statt. Drei Jahre später wurde auf dem Lido der von Luigi Quagliata entworfene Palazzo del Cinema eröffnet. Hier werden heute Ende August/Anfang September die »Goldenen Löwen« für die besten Filme und Schauspieler(innen) verliehen. Filmvorführungen finden im Palazzo del Cinema und kleineren Kinos statt (Programm unter www.labiennale.org).

Bunte Häusergasse in Burano – oder: Wer beobachtet hier wen?

Im Kloster auf San Lazzaro leben bis heute einige Mechitaristenmönche.

UMGEBUNG
Mit Fähre und Bus erreicht man von der Nordspitze des Lido die Strände der römischen Gründung **Jesolo** (www.comune.jesolo.ve.it).
In Sichtweite vor der Westküste liegt **San Lazzaro degli Armeni**. Auf dem Inselchen steht das prächtig ausgestattete Mutterkloster des Mechitaristenordens, eines der weltweit bedeutendsten Zentren armenischer Glaubenskultur (Führungen nach Voranmeldung Tel. 0039 041 526 01 04, www.mechitar.org). Von Alberoni im Süden des Lido verkehrt eine Autofähre auf die 11 km lange Nachbarinsel **Pellestrina**, von dort gelangt man ebenfalls per Fähre nach Chioggia.

MURANO

Seit dem Mittelalter lebt Murano **TOPZIEL** für und mit Glas. Noch immer ist die Kunst seiner Herstellung lebendig. Die Isola del Vetro birgt aber auch eindrucksvolle Architektur.

SEHENSWERT
Schon vom Schiff aus erblickt man die **Colonna**, die einst wohl die Statue des Dogen Domenico Contarini trug. Galilei nutzte die hohe, freistehende Säule, um die Effektivität des von ihm gerade erfundenen Teleskops zu demonstrieren. In der romanischen **Basilika Santi Maria e Donato** beeindruckt vor allem der byzantinische Mosaik-

fußboden. Die Kirche **Santa Maria degli Angeli** (15. Jh.; Fondamenta Venier) birgt Gemälde von Bellini und Veronese und wird wie die Basilika und die auch von großen Künstlern ausgeschmückte **Chiesa San Pietro Martire** am Campiello Michelie, noch aktiv genutzt. Ebenfalls auf der südlichen über den Ponte Longo erreichbaren Kanalseite steht der im Stil der Spätgotik erbaute **Palazzo da Mula** (15. Jh.), eine noble Sommervilla aus Backstein mit großem Garten. Die besteigbare **Torre Orologio** (19. Jh.) auf dem Campo San Stefano steht auf mittelalterlichen Fundamenten.

MUSEUM

Das schon 1861 gegründete **Museo del Vetro** (Fondamenta Giustinian 8, tgl. 10.00–17.00 Uhr, 10 Euro, https://museovetro.visitmuve.it) im ehemaligen bischöflichen Palazzo Giustiniani, dokumentiert eindrucksvoll die Entwicklung der Glaskunst vom 15. Jh. bis heute und bietet oft überraschende Sonderausstellungen – wie etwa im Rahmen der internationalen Venice Glass Week 2021 jene mit aktiv erlebbarem Glasspielzeug.

ERLEBEN

Glas-Manufakturen, Glasbläser und reine Shops: am besten ein paar Schritte vom Trubel weg mal um die Ecke schauen (z.B in den **Corte de la Vida**) oder sich überraschen lassen vom Vater-Sohn-Duo **Penso** (www.davidepenso.com). In dritter Generation gestalten die Signorettis (https://bfsignoretti.com) Murano-Glas.

Unterwegs im Bragozzo, dem klassischen Bootstyp der Lagune.

Auf einem gemeinsamen Internetportal bieten verschiedene Glasbläser Schmuck, Vasen, Gläser, Skulpturen und vieles mehr an und versenden ihre Produkte weltweit (www.originalmuranoglass.com).

ÜBERNACHTEN

Mit Kissenauswahl, kostbaren venezianischen Stoffen, Schallisolation und persönlichem Service punktet das in zwei Palazzi untergebrachte **€€–€€€ Hotel Murano Palace** (Fondamenta dei Vetrai 77, Tel. 0039 371 437 64 83).

RESTAURANT

Café im Erdgeschoss, gehobenes Ambiente auf der Terrasse: das **€–€€ Vetri** (Fondamenta Gius-

tinian, Tel. 0039 041 73 69 91, https://puntaconterie.com) in einem restaurierten Industriegebäude bietet eine moderne leichte Küche mit interessanten Akzenten.

BURANO

Leuchtend bunte Häuser und filigrane Spitzen sind die berühmtesten Botschafter der Insel. Flächenmäßig zählt sie mit gut 20 ha zu den zehn größten der Lagune, aber nur rund 2000 Menschen leben noch hier. Darunter die letzten Fischer der seit Jahrhunderten in der Umgebung gefangenen weichen Krabben.

SEHENSWERT

Unter den farbenfrohen Fischerhäuschen Buranos ist la **Casa de Bepi Suà** eines der bekanntesten und das außergewöhnlichste: Sein Besitzer, Giuseppe Toselli, bemalte es bis zu seinem Tod mit immer neuen geometrischen Motiven. Ungewöhnlich ist auch die im Inneren mit einem Werk Tiepolos geschmückte Kirche **San Martino Vescovo** (16. Jh.): ihr gut 50 m hoher Glockenturm (1714) weist schon seit Baubeginn eine deutliche Neigung auf.

MUSEUM

An der einzigen Piazza der Insel, benannt nach dem vor allem für die opera buffa des 18. Jh.s wichtigen Barbiersohn und Komponisten Baldassare Galuppi (il Buranello), liegt das **Museo del Merletto** (Di.–So. 10.00–16.00 bzw. 18.00 Uhr, im Sommer, https://museomerletto.visitmuve.it). Untergebracht ist das Museum zur Geschichte der Spitzenstickerei in einer Kunstgewerbeschule aus den 1870er-Jahren.

ÜBERNACHTEN

Verteilt auf eine Handvoll ehemaliger Fischerhäuser liegen die Designzimmer des **€€–€€€ Hotels Casa Burano Experience** (Fondamenta S. Caterina 3, Mazzorbo, www.casaburano.it).

RESTAURANT

Die Küchentraditon der Insel fortzusetzen, hat sich die inzwischen elegante **€€–€€€ Trattoria da Primo** (Piazza Galuppi 285, Tel. 0039 041 73 55 50, www.trattoriadaprimo.it) auf die Fahne geschrieben. Sie arbeitet mit lokalen Fischern und regionalen Produzenten zusammen.

UMGEBUNG

Über eine Brücke gelangt man auf die kleine von Landwirtschaft bestimmte Insel **Mazzorbo**.

SAN FRANCESCO DEL DESERTO

Zu den schönsten Zielen in der Lagune gehört das Klosterinselchen San Francesco del Deserto. Der hl. Franz von Assisi zog sich 1220 nach seiner Rückkehr aus Palästina und Ägypten hierher zurück, um ein Leben in Demut zu führen.

SEHENSWERT

Dort wo der Heilige seine Hütte hatte, errichteten die Franziskaner ein **Kloster**. Heute leben hier nur noch wenige Fratres inmitten stiller Wasserflächen und Sumpfwiesen. Sie führen Besucher zu zwei wunderschönen Kreuzgängen oder laden ein, den Frieden des mit Zypressen, Pinien und Palmen bestandenen Gartens zu genießen. Man erreicht das Inselchen von Venedig aus mit dem Vaporetto bis Burano, von dort geht es im Wassertaxi weiter (Führungen: Di.–So. 9.00 bis 11.00 und 15.00–17.00 Uhr, Eintritt frei, aber Spenden sind willkommen, www.sanfrancescodeldeserto.it).

CHIOGGIA

Mit seinem Hafen und den beiden Kanälen gleicht Chioggia ein wenig der Serenissima. Und mit der Anzahl und Dichte seiner Kirchen ist die jahrhundertealte Bischofsstadt Venedig durchaus ebenbürtig. Sie liegt 40 km südlich von Ve-

WAHNSINN!

*Wie man früher mit psychisch Kranken umging, veranschaulicht das **Museo del Manicomio** auf der parkartigen Insel San Servolo. Untergebracht ist es in einem Kloster und späteren Hospital, das heute u.a. der internationalen Universität Venedigs dient.*

Museo del Manicomio
San Servolo, Tel. 0039 041 862 71 67, https://servizimetropolitani.ve.it/it/museo manicomio, Mo.–Fr. 11.50 und 14.45, Sa., So. 9.45–16.30 Uhr.

Santi Maria e Donato auf Murano gilt als eine der schönsten Kirchen der Lagune.

nedig am Südrand der Lagune. Typisch für Chioggia waren früher hölzerne bunte Fischerboote, die sogenannten Bragozzi, heute sieht man auf den Kanälen der Stadt jedoch mehr schnittige Sportboote.

SEHENSWERT
Auf dem sogar von einer Buslinie befahrenen **Corso del Popolo** mit dem imposanten Stadttor (1530) als Relikt der Befestigungsmauer pulsiert der Alltag Chioggias. Hier steht auch die romanische **Torre dell'Orologio**, einst Wach- und Leuchtturm, inzwischen Glockenturm der wiedererbauten Kirche St. Andrea (18. Jh.). Seit 1839 ziert sie die (zuvor am einstigen Rathaus schlagende) älteste Uhr der Welt (1386) – zeitgleich konstruiert wie jene von Salisbury. Das Innere des 30 m hohen Turms ist heute ein Museum zur Geschichte der Uhr, der Kirche und der Stadt (So. 10.30–18.30 Uhr). Noch älter als die Uhr ist der **Palazzo Granaio** (1322), der Getreidespeicher der Stadt. Chioggias Hauptkirche ist die auf das Jahr 1100 zurückgehende Kathedrale **Santa Maria Assunta**. Ihren Wiederaufbau im 17. Jh. leitete der Architekt der späteren Kirche Santa Maria della Salute in Venedig.

MUSEEN
Auch einen Palazzo Grassi besitzt Chioggia; er birgt das **Museo di Zoologia Adriatica** (Di.-Fr., So. 9.00–12.45, Sa. 15.00–18.45 Uhr, 4 Euro, im Sommer länger, Riva Canale Vena, www.museoolivi.it). Das **Museo Civico della Laguna Sud** im ehemaligen Kloster San Francesco (Campo Marconi 1, http://museo.chioggia.org, Di.–So. 10.00 bis 13.00 und 18.00–22.00 Uhr, 4 Euro) widmet sich u.a. dem Bootsbau von Chioggia. Noch heute gibt es zehn kleine Werften (von einst hundert).

ERLEBEN
Ca. um vier Uhr morgens kehren die Fischer von Chioggia mit ihrem Fang in den Hafen zurück. Wem das zu früh ist, der besucht freitags einfach ein wenig später den **Fischmarkt**. An rund 30 Ständen werden Seebrasse, Seezunge, Sardellen, Oktopus, Krabben und sonstiges Meeresgetier verkauft.

ÜBERNACHTEN
Wer nicht am Strand von Sottomarina wohnen möchte, ist bei Morano und Susanna im €€ **Piccola Venezia Room** (Calle Fidado 486, www.piccolaveneziaroom.it) in der Altstadt gut aufgehoben.

RESTAURANT
Ganz auf Fisch und die moderne Interpretation traditioneller Rezepte hat sich das kleine €€–€€€ **Ristorante Garibaldi** (Via San Marco 1924, Tel. 0039 041 554 00 42, www.ristorantegaribaldi.com) spezialisiert.

UMGEBUNG
Wer Meer und Strandleben möchte, radelt über die 800 m lange Brücke hinüber nach **Sottomarina** TOPZIEL. Der Ort hat einen 11 km langen sehr breiten Sandstrand, dahinter verläuft allerdings die vierspurige Uferstraße.

INFORMATION
Comune di Chioggia, www.chioggia.org
Consorzio di Promozione
Turistica Lidi di Chioggia
Tel. 0039 041 5540117, www.lididichioggia.it

RUDERN WIE DIE VENEZIANER

»Wer Venedig verstehen will, muss auch die Lagune kennen«, sagt Sybille. Die Münchnerin lebt seit vielen Jahren in Cannaregio – und ist passionierte Ruderin. Ihr Wissen über die voga alla veneta, das typische venezianische Stehrudern TOPZIEL, gibt sie als Mitglied von Row Venice, einer Non-Profit-Organisation begeisterter Ruderinnen aller Nationen, weiter in Venedigs Schulen – und auch an andere Interessentinnen und Interessenten.

»Montag um zehn an der Ponte de la Sacca«. Das flache, hölzerne Boot liegt schon vertäut an der Fondamenta Contarini. »Eine batela a coa de gambaro. Sie hat weder Kiel noch Steuerruder, denn die Lagune ist seicht.« Bevor es losgeht, gibt es noch einige Instruktionen. »Gerudert wird mit dem ganzen Körper, rechten Fuß nach vorn, linken nach hinten. Das Ruderblatt erst flach, die Hand immer am Stiel. Handgelenk drehen, auf Brusthöhe eintauchen und dann schieben – nicht ziehen! Stellt euch vor, ihr müsstet einen Kühlschrank wegdrücken!« Glücklicherweise ist es dann doch nicht ganz so schwer …

Zunächst ungewohnt, aber dann macht es richtig Spaß, das Rudern im Stehen.

Anschaulich erklärt die erfahrene vogatrice die uralte Technik. Stellt sich dann hinten auf die Poppe zum Steuern und legt ihr Ruder in die Rudergabel. Los geht's! Rasch gleitet die batellina nun unter den Brücken des Rio de Sant'Alvise hindurch hinaus in die Lagune. Und es ist ein herrliches Gefühl, durch eigene Kraft dorthin zu gelangen.

Buchung: Nur online über https://rowvenice.org
Dauer: Die klassische Privatlektion inkl. Einführung umfasst 90 Minuten.
Preis: In der kleinen batellina für ein bis zwei Personen kostet die Lektion 85 Euro pro Boot, für drei Personen zus. 120 Euro, für vier Personen zus. 140 Euro.

*

OPERNARIEN UND WEIN

*

Verona und seine Umgebung stehen ganz im Zeichen des Genusses: Ohrenschmaus in der Arena, Augenfutter dank römischer Mosaike im Weingebiet Valpolicella – und auf der Zunge feinen Vialone-Nano-Reis aus der Bassa Veronese in köstlichen Varianten.

Fast alle Wege beginnen in Verona an der Piazza Bra. Dominiert wird sie von der Arena, dem römischen Amphitheater aus dem 1. Jh. n. Chr. Nach dem Kolosseum in Rom und der Arena in Capua war es das drittgrößte Bauwerk für Gladiatoren- und Tierkämpfe.

Vom Castel San Pietro am östlichen Ufer der Etsch zeigt sich Verona in seiner ganzen Schönheit.

In römischer Zeit fanden in der Arena von Verona blutige Gladiatoren- und Tierkämpfe statt. Heute ist sie Ziel von Opernfans aus aller Welt. Ganz rechts: Cecilia Gasdia in »ihrer« Arena, seit 2018 ist die ehemalige Opernsängerin Intendantin der Festspiele.

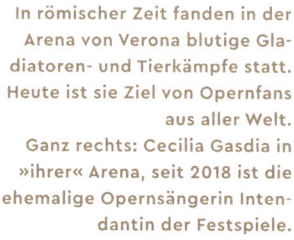

Zwei rote Rosen am Stadttor. Fast schulterhoch. Täuschend echt aus der Ferne. Vor den Stielen ein roter Schriftzug: #inarena. »Kulissenelemente der Festspielvorstellungen« erklärt eine Veroneserin. »Spazieren Sie mal durch das Tor hindurch und um unser teatro romano herum, da werden sie noch viel mehr Bühnenfragmente entdecken«. Verona und seine römische Arena. Ein gigantischer Bau mit weit ausladenden Rängen aus Stein. Die oberen Plätze kann sich fast jeder leisten. Und wer sich mit dem Hörgenuss zufrieden gibt, flaniert am Abend entspannt zu einem der kleinen Lokale im Rücken des antiken Ovals. Vorbei an den Stellwänden mit historischen Aufführungsplakaten: für »Turandot« 1928 etwa. Oder eine der prächtigen »Aida«-Inszenierungen. Kurz vor der Jahrtausendwende stand »Die Lustige Witwe« auf dem Programm. Mit Cecilia Gasdia in der Titelrolle. Inzwischen ist die weltweit gefeierte Veroneser Sopranistin Intendantin der Arena-Festspiele. Als erste Frau überhaupt. Singt sie noch? »Öffentlich kaum, nur Zuhause im Bad. Und morgens um halb acht fünf Minuten im Büro«. Aber bei den Proben in der Arena, im Juli/August, ist sie fast immer dabei. »Dann arbeiten hier mehr als tausend Personen!«

LIEBESLEGENDEN HOCH ZWEI

»Bollicine?« fragt Oreste dal Zovo schelmisch. Bläschen? Und schon entkorkt der alte Herr eine bauchige Flasche. Vor kaum einer Stunde erst habe ich meinen Frühstücks-Cappuccino im Liston 12 getrunken, dem Café der Veroneser direkt an der Piazza Bra. Über die mit regionalen Marmorsorten elegant gestaltete Via Mazzini bin ich dann von Schaufenster zu Schaufenster gebummelt. Habe mich nahe der Porta Borsari gewundert über die Chiesa San Matteo, die inzwischen als Pizzeria dient. Und nun stehe ich am Tresen der wunderkammergleichen Bar-Enoteca von Signore dal Zovo. Mit einem Glas Spumante Rosé Brut aus dem Valpolicella in der Hand. Morgens um halb zehn. Meine Begleiterin nickt mir aufmunternd zu. Ein paar Schlucke später übergibt mir Signore dal Zovo zufrieden eine handgetippte Weinliste – und ein Faltblatt über den nahen Brunnen Pozzo dell'amore, um den sich eine herzzerrei-

Die Piazza delle Erbe gilt als einer der schönsten Plätze Italiens. Wochentags findet hier ein Blumen- und Gemüsemarkt statt, bei dem allerdings auch viel Souvenirkitsch angeboten wird.

Hier wird schon morgens Sekt getrunken: Die Autorin Rita Henss im Gespräch mit Oreste dal Zovo, dem Inhaber der gleichnamigen Bar-Enoteca (Vicolo S. Marco in Foro 7).

ßende Liebeslegende rankt. Konkurrenz für Shakespeares Geschichte von Romeo und Julia?

GOLDKUCHEN AUF DEM DACH

Bevor wir die Augen zum angeblichen Balkon der Giulietta heben, lassen wir sie auf der einstigen Römerstraße Corso Porta Borsari über dessen Fassaden wandern. An der Hausnummer 21 etwa. 1894 so heißt es, erfand hier der Pasticciere Domenico Melegatti das berühmte Pandoro di Verona. Zwei große Steinexemplare des stadttypischen Weihnachts-Hefekuchens zieren noch immer die vorderen Dachecken des mehrstöckigen Hauses. Traditionelle fleischliche Spezialitäten indes gibt es bei Giorgio und Lorenzo Avisani, im einstigen Handwerkerviertel nahe der Piazza delle Erbe und der Piazza dei Signori, dem inneren Kopfteil der Etsch-Schleife – dort wo die Römer der zuvor am gegenüberliegenden Flussufer bestehenden Stadt ihr neues Zentrum gaben.

> ### »ES WAR DIE NACHTIGALL UND NICHT DIE LERCHE, DIE EBEN JETZT DEIN BANGES OHR DURCHDRANG.«
> Shakespeare, »Romeo und Julia«, 1594

Von der kleinen Metzgerei ist es nicht mehr weit zum Ponte Pietra, der markanten fünfbogigen Steinbrücke über die Etsch. Römer, Scaliger und Venezianer bauten an ihr mit unterschiedlichen Materialien – entsprechend »bunt« ist ihr Erscheinungsbild. Auf der anderen Uferseite liegt am Saum des San-Pietro-Hügels Veronas zweites römisches Theater, intimer als die Arena, aber ebenfalls noch bespielt. Der schmale Treppensteig an seiner Seite führt hinauf zum Kastell. Den Abzweig markiert ein steinerner Ochsenschädel. Ein Viertelstündchen braucht es bis nach oben. Dann liegt uns Verona in seiner ganzen Pracht zu Füßen.

MOSAIKFUNDE IM WEINBERG

Valpolicella – Tal der vielen Weinkeller bedeute sein Name, meinen viele. Das mag stimmen oder auch nicht, auf jeden Fall verweist der Begriff auf die Römer, die wohl schon Wein in der Gegend produzier-

Links: In der Casa di Giulietta
soll sie sich abgespielt haben,
die tragische Liebesgeschichte
von Romeo und Julia. Unten:
Ponte Scaligero, ursprünglich als
Fluchtweg geplant.

Links: Basilica di San Zeno, im
12. Jh. über dem Grab des Stadtpatrons errichtet.
Oben: Eine von Veronas Einkaufs-
meilen, der Corso Porta Borsari.

KASKADEN-FREUDEN

Am Saum des mittelalterlichen Dorfes Molina birgt eine Schlucht der Lessinischen Hochebene ein abwechslungsreiches Wasser(fall)-Panorama.

Steil geht es von der historischen Mühlengemeinde hinab zu dem Kassenkiosk des Parco delle Cascate. Dort müssen wir uns entscheiden: für den kurzen grünen Pfad, den etwa einstündigen roten oder den gut dreieinhalb Kilometer langen und schwierigsten schwarzen. Serpentinenartig erschließen die Rundwege ein bewaldetes, etwa 80 000 m² großes Bachterrain mit gut einem halben Dutzend kleiner und großer Wasserfälle, die Wege führen zu Höhlen und Pools. Stahltreppen, Brückchen – und sogar eine Riesenschaukel sorgen für den Adrenalinkick in dem dichten Schluchten-Grün (April–Okt. tgl. 9.00 bis 19.30, Nov.–März bis 15.30 Uhr, Eintritt 8 Euro, www.parcodellecascate.it).

ten. Römische Relikte fanden sich tatsächlich immer wieder in der Gegend. In Cortesele di Villa etwa, einem Ortsteil von Negrar. Hier war man schon früher auf römische Überreste gestoßen. Zufällig entdeckte man dann in einem der Weinberge 2020 antike Mosaike, erzählt Winzer Simone Benedetti. Bei archäologischen Ausgrabungen wurden die bestens konservierten Fußböden einer Villa Rustica aus dem 3. Jh. v. Chr. freigelegt. Eine Sensation! Inzwischen sind auch Spuren eines Bades und weiterer Elemente der antiken Anlage aus den dicken Erdschichten befreit – und es wird weiter gegraben ... .

REBEN UND SCHWALBENSCHWANZ-ZINNEN

Noch überspannen den kleinen Platz vor dem Wallfahrtskirchlein von Bassanella farbige Fähnchen. Und weiße Plastikstühle bilden ein ordentliches, lockeres Reihenmuster. Beides erinnert an das gerade gefeierte Fest, mit dem Soave jeden Sommer an eine Marien-Erscheinung und den Fund einer Madonnen-Statue erinnert. Nun liegt wieder Stille über den steilen Gassen des Burgweilers. Und der Blick schweift ungestört hinauf zum imposanten Castello. Noch schöner zeigt sich das Scaliger-Ensemble von den nahen Rebhängen. Ein Bildstock-Pfad führt von Monteforte d'Alpone zu ihnen hinauf. Oben öffnet sich zwischen den Weinstock-Pergolen ein prächtiges Panorama: Mittelalterliche Mauern mit zwei Dutzend Türmen. Einfach imposant! Der Aufstieg hat sich gelohnt!

Isola della Scala ist das Zentrum eines Reisanbaugebietes, aus dem die DOP-geschützte Reissorte Vialone Nano stammt.

Links: Soave – als Weinsorte im wahrsten Sinne in aller Munde – wird von einem mächtigen Kastell überragt. Unten: Probieren kann man die in und um Soave erzeugten Tropfen u.a. bei der Azienda Agricola Monte Tondo.

Trauben gedeihen natürlich auch im Weingebiet Valpolicella, hier das Weingut Ugolini in Villa San Michele (Mitte).
Bei einer Rundfahrt durch das Valpolicella-Gebiet, lohnt ein Abstecher zum Ponte di Veja, der wohl größten Naturbrücke Europas (links).

Weine des Veneto

VON BITTERSÜSS BIS PRICKELND

Valpolicella, Soave, Prosecco: drei Vertreter der italienischen Weinkultur, deren Geschichte eng mit dem Veneto verbunden ist. Aber auch in den Euganeischen Hügeln wachsen Reben.

Azienda Agricola Quintarelli: hier reifen die Trauben für den Amarone.

Ein Wagenlenker auf einem römischen Streitwagen, gezogen von zwei mit Reben geschmückten Pferden. Seit langem prägt diese Figurengruppe das Logo einer Winzerfamilie aus dem Valpolicella-Örtchen Negrar. »Schon 1887 hat man das römische Mosaikfragment auf einem unserer Weinberge gefunden«, erzählt einer der beiden Urenkel des Weingutgründers. »Aber es waren nicht die Römer, die den Weinbau nach Venetien brachten. Sondern die Räter«. Bereits in der mittleren Eiszeit betrieben diese im heutigen Südtirol eine systematische Rebkultur. Später auch ansässig zwischen Gardasee und Verona, lernten die Römer von ihnen die Vorzüge von Holzfässern zur Lagerung kennen.

EIN ROTER KRAFTPROTZ

Heute ist die Region Valpolicella nicht zuletzt bekannt für ihren Amarone, jenen opulenten, im Abgang leicht bitteren Rotwein aus getrockneten Trauben. Bis zu fünf Monate kann der Prozess seines appassimento dauern. Das Lesegut wird dabei in gut gelüfteten Räumen getrocknet. Dieser Trocknungsprozess sorgt für extrem aromareiche Weine. Seit den

1980er-Jahren wurde der Amarone di Valpolicella verstärkt produziert und zunehmend geschätzt. Im Vergleich zu einem normalen Rotwein benötigt man fast die doppelte Menge an getrockneten Trauben. Das erklärt nicht zuletzt den hohen Preis des Amarone.

SANFTE BURG-TROPFEN

Von Verona bis hinauf zum Brenton di Roncà reicht das Weinbaugebiet von Soave. Sein Kern umfasst etwa 1500 ha, vor allem um den namengebenden Ort und dessen östlichen Nachbarn Monteforte d'Alpone. »Wir produzieren hier, nahe der Scaligerburg, unseren Soave Classico und DOC,« erzählt Hugo Mainente, der

mit seinen Söhnen die vom Großvater begründete Weinbautradition auf derzeit 10 ha weiterführt. »Unsere Reben stehen hauptsächlich in typischer Pergolamanier, das scheint uns die beste Methode zu sein, um die charakteristischen Eigenschaften der Trauben hervorzubringen«. Die beiden weißen Sorten Garganega und Trebbiano di Soave bilden, wie bei den meisten anderen Soave-Winzern auch, die Basis der Mainente-Weine. »In vielen unserer Parzellen lesen wir von Hand«, so erfahren wir in der

»WER GENIESSEN KANN, TRINKT KEINEN WEIN MEHR, SONDERN KOSTET GEHEIMNISSE.« Salvador Dalí

Auf dem Weingut Corte Mainente werden hauptsächlich Garganega-Trauben angebaut, die wichtigste Traubensorte für den Soave.

Lager- und Showroom (links) und rechts bei der Weinprobe in der Azienda Agricola Quintarelli im Weinort Negrar.

Kellerei der Familie unterhalb der Burg. Gekeltert werden sie sowohl für einen »stillen« Classico DOC als auch für einen Soave Spumante Brut.

PERLEND NACH DER NATUR

Hochburg prickelnder venetischer Weine sind die Hügel von Conegliano und Valdobbiadene in der Provinz Treviso. 2019 erkannte die UNESCO das Gebiet als Weltkulturerbe an. Denn die Reben werden hier nicht auf künstlichen Terrassen kultiviert. Ihre Pflanzungen passen sich vielmehr seit alters her den gegebenen Landschaftsformen an, die Berghänge sind vielfach sehr steil. Mit der Strada del Prosecco schlängelt sich die älteste Weinstraße Italiens durch

Dörfer wie Refròntolo, Pieve di Soligo, Fontana oder San Stefano. Aus den Trauben, die an ihren Rändern auf insgesamt rund 6000 ha wachsen, wird Italiens wohl bekanntester Schaumwein gekeltert. In höchster Qualität. »Der Prosecco DOCG« ist auf die Gebiete Conegliano, Valdobbiadene und Asolo beschränkt«, weiß Elisa. Die ausgebildete Sommelière kennt die Geschichte des eigentlich in der Nähe von Triest beheimateten spumante bestens. »Erstmals schriftlich erwähnt wurde er 1772«. Bis 2010 stand Prosecco allerdings schlicht für eine Rebsorte – und durfte auch als frizzante, bei dem Kohlensäure zugesetzt wird, vermarktet werden. Jetzt ist es eine geschützte Herkunftsbezeichnung. Als Prosecco-Traube gilt nun die Glera. Gut Dreiviertel muss ihr Anteil beim Keltern mindestens betragen. Nicht nur in seiner höchs-

ten Güteklasse. Sondern bereits für den DOC. Dessen venetisches Gebiet umfasst derzeit fast 20 000 Hektar.

KLEINES GEBIET, GUTE WEINE

Das euganeische Weinbaugebiet ist nur rund 1300 ha groß, verteilt auf 17 Gemeinden, darunter Este, Montegrotto, Teolo und Vò. Da man in den Colli Euganei schon ab dem 18. Jh. auf neue, französische Rebsorten setzte, gilt das Gebiet als Wiege des italienischen Bordeaux. »Wir haben hier den DOC-Status für fünf Sortenweine, u.a. Cabernet, Merlot und Pinot bianco«, erklärt uns Paola in der Enoteca der Kellerei Monte Fasolo. »Der Fior d'Arancio, ein Süßwein, besitzt sogar das noch höhere Gütesiegel DOCG.«

ADRESSEN

AZIENDA AGRICOLA QUINTARELLI
Via Cerè 1, Negrar, Tel. 0039 045 750 00 16

CORTE MAINENTE
Viale della Vittoria 45, Soave, Tel. 0039 045 768 0303
https://www.cortemainente.com

ENOTECA MONTE FASOLO
Via Monte Fasolo 2, Cinto Euganeo, Tel. 0039 042 961 30 88
www.enotecamontefasolo.itt

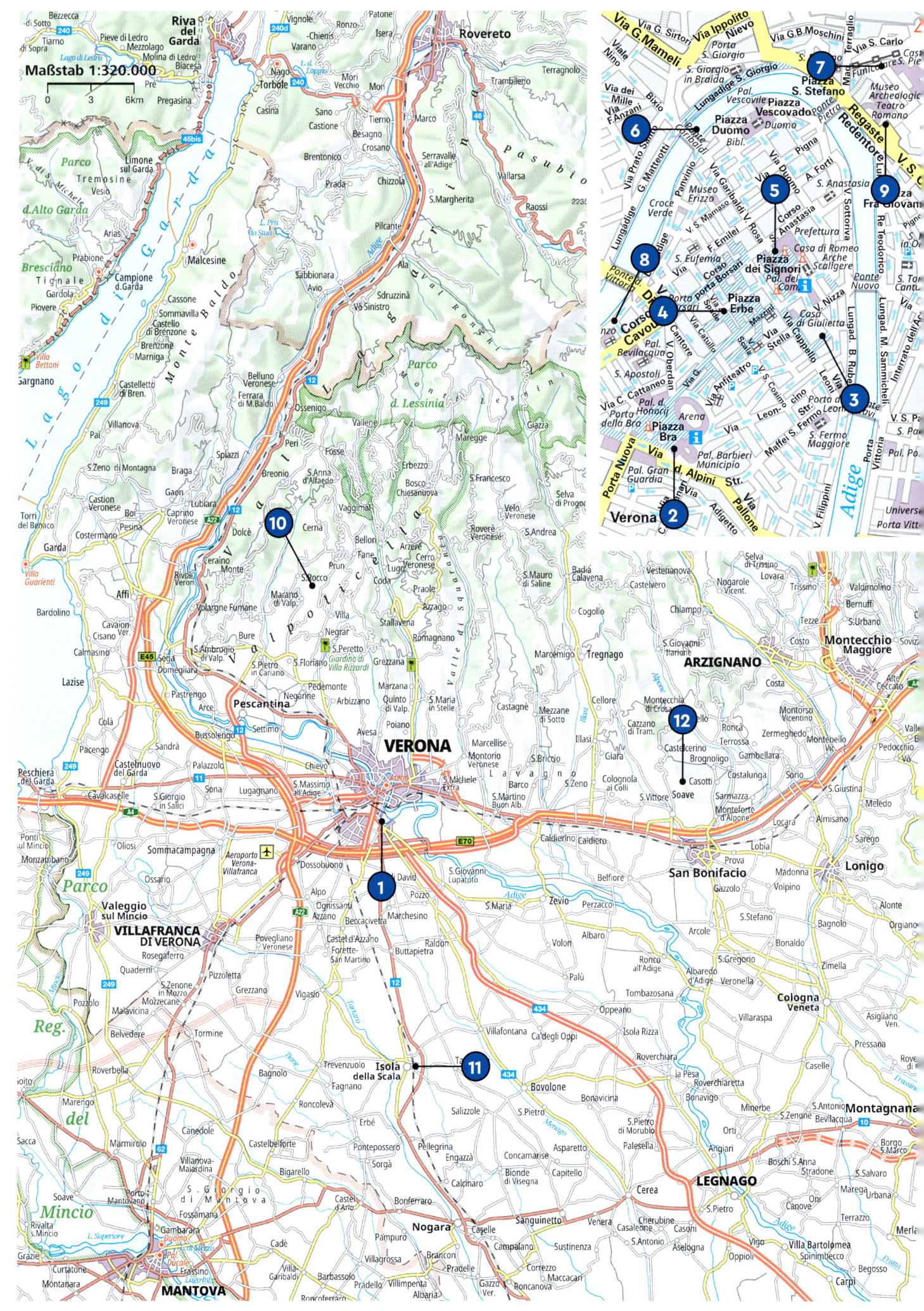

WO REBEN, BAUKUNST UND MUSIKKULTUR BLÜHEN

Römer, Scaliger, Venezianer: sie alle prägten das Gebiet rund um Verona. Noch immer bespielte Arenen, eindrucksvolle Brücken, die Weine des Valpolicella und Soave, der Reis aus der Bassa Veronese – alle tragen zum facettenreichen Charakter der Region bei.

1-9 VERONA

Gut 2000 Jahre Geschichte auf kleinster Fläche: Dafür erkor die UNESCO Italiens »romantischste Stadt« (260 000 Einw.) zum Welterbe. Der Bogen ihrer baulichen Schätze spannt sich von der antiken Arena über eindrucksvolle Sakralbauten

Zu jeder Tageszeit ist Veronas Piazza Bra ein beliebter Treffpunkt. Schließlich hat man hier einen schönen Blick auf die Arena.

und Brücken bis zu den elegant-lebendigen Plätzen mit ihren Palazzi aus diversen Epochen.

SEHENSWERT

Seit mehr als zwei Jahrhunderten treffen sich die Veroneser am Abend auf dem größten Platz ihrer Stadt, der ➋ **Piazza Bra**. Im Mittelalter wurde hier mit Vieh und Holz gehandelt. Das Marktareal lag damals noch außerhalb der Stadtgrenzen – wie auch die **Arena TOPZIEL**, das römische Amphitheater (1. Jh., Mo. 13.30–19.30, Di.–So. 8.30 bis 19.30, bei Aufführungen bis 15.30 Uhr, www. arena.it). Einst Wettkampfstätte der Gladiatoren, ist es heute spektakuläre Kulisse für Opernaufführungen und Konzerte. Erdbeben beschädigten das Theater im 12. und 13. Jh. Von der einstmals dreigeschossigen Außenmauer aus rotem Veroneser Marmor sind nur vier Bögen an der Nordseite erhalten. Heute finden 15 000 Zuschauer in der Arena Platz. Durch die Via Mazzini, eine edle Einkaufsmeile, gelangt man zur ➌ **Casa di Giulietta** (Via Capello 23, https://casadigiulietta.

comune.verona.it, Di.–So. 9.00–19.00 Uhr, 12 Euro). Der Palazzo wurde im 13./14. Jh. errichtet. Der Steinbalkon ist im Grunde ein Fake, eigentlich ist es ein Sarkophag, der erst 1935 bei Renovierungsarbeiten angebaut wurde. Doch drängen sich hier die Besucher, ebenso wie vor der Bronzestatue der Julia. Nur wenige Schritte entfernt ist die ➍ **Piazza delle Erbe**, der älteste Platz der Stadt. Hier lag das römische Forum. Mit Markt (Mo.–Sa. 7.30–20.30 Uhr) und vielen Bars und Restaurants ist er noch heute ein wichtiger Ort des sozialen und wirtschaftlichen Lebens der Stadt. Prächtige Palazzi säumen ihn, darunter die Casa dei Mazzanti mit Fresken aus dem 16. Jh. und die Casa dei Mercanti, in der sich früher die Kaufleute versammelten. Der baldachinbekrönte Podest auf dem Platz (Capitello) diente als Rednerpodest, von hier wurden wichtige Beschlüsse verkündet. Die Altstadt dominiert die 84 m hohe **Torre dei Lamberti**, mit deren Bau 1172 begonnen wurde. 1464 wurde der Turm aufgestockt, heute führen 368 Stufen zur Panoramaterrasse hinauf. Schneller und bequemer gelangt man per Aufzug hinauf (Mo.–Fr. 10.00–18.00, Sa., So. 11.00 bis 19.00 Uhr, 6 Euro, www.torredeilamberti.it). Durch die Via della Costa (mit dem Zugang zur Torre dei Lamberti) gelangt man zur ➎ **Piazza dei Signori**. Mitten auf dem Platz steht eine Dante-Statue von 1865. Ein Durchgang führt zur kleinen Chiesa Santa Maria Antica (12. Jh.). Der Friedhof neben der Kirche birgt die prächtigen Grabstätten des Herrschergeschlechts, die **Arche Scaligere** (Via S. Maria Antica 4, Di.–So. 10.00–18.00 Uhr, 1 Euro).
Einige hundert Meter weiter nördlich erreicht man am Ufer der Etsch den Domkomplex mit der prächtigen Kathedrale ➏ **Santa Maria Assunta bzw. Santa Maria Matricolare** (Mo.–Sa. 11.00 bis 17.30, im Winter 11.00–17.00, So. 13.30–18.00 Uhr, 4 Euro). Die ursprünglich romanische Kirche wurde innen gotisiert. Zum Dombezirk gehören auch die Kirchen Santa Elena und Giovanni en Fonte, der Kreuzgang der Kanoniker und der Bischofspalast. Das Ensemble wurde auf Überresten römischer Villen und zweier frühchristlicher Basiliken (8. Jh.) errichtet, wie noch heute großflächige Mosaikböden zeigen.
Die älteste der sieben Brücken über die Etsch im Stadtgebiet ist der römische **Ponte Pietra**. Hoch über ihm bezeugte die Familie Visconti ihre Macht mit dem ➐ **Castel San Pietro** (14. Jh.) zu dem auch eine Standseilbahn fährt. Die Basilika **San Zeno** im Westen der Stadt zählt zu den schönsten romanischen Kirchen Italiens. Der Bau entstand im 12. Jh. über dem Grab des Stadtpatrons, dem aus Afrika stammenden hl. Zeno (Mo.

Über den Ponte Scaligero gelangt man zum Castelvecchio.

bis Sa. 9.00–18.00, So. 13.00–18.30, im Winter bis 17.00 Uhr).

MUSEEN

Im Castelvecchio aus der Skaliger-Zeit ist heute das Stadtmuseum, ➑ **Museo di Castelvecchio**, untergebracht (Corso Castelvecchio, https:// museodicastelvecchio.comune.verona.it, Di.–So. 10.00–18.00 bzw. 19.00 Uhr im Sommer, 9 Euro). Die Blütezeit der Veroneser Malerei in Gotik und Renaissance ist mit zahlreichen hervorragenden Werken vertreten, u.a. von Turone und Bellini.

FEINKOST MIT AUSSICHT

Ein grobes Holzschild baumelt über der Tür. Neben ihr türmen sich Käselaibe. Ein schmaler Gang mündet vor einer gläsernen Theke. Prall gefüllt mit allerlei (gar nicht so teurer) Feinkost. Die man direkt auf der versteckten kleinen Uferterrasse von Flavios Lädchen verzehren kann. Als Stehpicknick – mit herrlichem Blick über die Etsch und hinauf zum Castel San Pietro.

Antica Salumeria Gironda
Via Ponte Pietra 24, Tel. 0039 045 59 10 58,
www.salumeriagironda.it

Das 16./17. Jh. ist durch Veronese, Tintoretto und Tiepolo dokumentiert. Oberhalb des Teatro Romano beherbergt das Kloster San Girolamo das ❾ **Museo Archeologico** (Via Regaste Redentore 2, Di.–So. 10.00–18.00 Uhr, 9 Euro, www.museo-archeologico.comune.verona.it).

ÜBERNACHTEN

In einem historischen Palazzo im einstigen ruhigen Schlachthofviertel nahe der Arena sind die sechs modernen €€€ **Massimago-Weinsuites** (Stradone San Fermo 24, Tel. 0039 327 576 69 77, www.massimago.com) mit Concierge-Service untergebracht. Ein nettes kleines Hotel in unmittelbarer Nähe der Arena ist €€ **Giulietta e Romeo** (Vicolo Tre Marchetti 3, Tel. 0039 045 450 55 55, www.giuliettaeromeo.com). Fahrräder werden kostenlos zur Verfügung gestellt.

RESTAURANTS

Amarone-Risotto, frische Bigoli-Pasta mit Lessini-Trüffel, Kastanienmousse und Bonbon mit Recioto-Wein aus dem Valpolicella – so spannend klingt das Angebot von €€–€€€ **La Piazzetta** (Corte San Giovanni in Foro 4, Tel. 0039 045 45 05 59, https://lapiazzettaverona.plateform.app). Im €€ **Re Teodorico** gibt es exquisit zubereitete Fisch- und Fleischgerichte. Man genießt sie auf einer Terrasse mit herrlichem Blick auf die Altstadt und über die Etsch (Piazzale Castel San Pietro, Tel. 0039 045 834 99 03, www.teodoricore.com).

VERANSTALTUNG

Für die jeden Sommer in der Arena stattfindenden **Opernfestspiele** sollte man sich rechtzeitig um Karten bemühen. Die Preise liegen je nach Sitzplatz und Veranstaltung zwischen 30 und 300 Euro (Info und Tickets unter www.arena.it).

INFORMATION

Ufficio IAT Verona, Via Leoncino 61 (Palazzo Barbieri, Ecke Piazza Bra), I-37121 Verona
Tel. 0039 045 806 86 80
www.visitverona.it

Weingut Monte Tondo im Soave-Gebiet.

Hier kann man die **Verona Card** erwerben, sie berechtigt zum kostenlosen oder ermäßigten Eintritt in zahlreiche Sehenswürdigkeiten und kostet für einen Tag 20 Euro.

Weinberge umgeben das Castello di Soave.

VALPOLICELLA 10

Von der Etsch bis in die Vororte Veronas ziehen sich die Weinberge des Valpolicella-Gebietes. Reben, Oliven- und Kirschhaine sowie Zeugnisse uralter Besiedlung prägen diese in den südlichen Ausläufern der Lessinischen Alpen gelegene Region.

SEHENSWERT

Eine Tour durch das Valpolicella-Gebiet könnte nahe dem Gardasee im Ort **St. Ambrogio** (12 km nordwestlich von Verona) beginnen. Er war lange Zentrum des Marmorabbaus. Seine romanische Pfarrkirche im Ortsteil St. Giorgio steht auf den Resten eines römischen Tempels. Das 5 km östlich gelegene **San Pietro in Cariano** kann sich neolithischer Wurzeln rühmen. Im Ortsteil San Floriano stehen einige der schönsten romanischen Kirchen des Valpolicella und die Villa Marchesi Fumanelli (16.Jh.). Im nördlichen Nachbarort **Fumane** wurde früher Holzkohle erzeugt. Schon zur Steinzeit war die Gegend besiedelt, wie Funde in den Grotten Riparo Solinas zeigen. Prächtig ist die Villa della Torre (16. Jh.). Nach dem Ende der Reblausplage stifteten Winzer das hoch über dem Ort aufragende Santuario de La Salette (1860). Seit der Bronzezeit besiedelt ist die »schwarze Erde« von **Negrar**, das sich seit 2019 »Negrar di Valpolicella« nennen darf. Erst kürzlich stieß man hier auf sensationelle Funde aus römischer Zeit (s. S. 76). Sehenswert ist unweit der Ortschaft der zur Villa Rizzardi gehörende **Giardino di Pojega**. Ende des 18. Jh.s angelegt, erstreckt sich der 54 000 m² große Park über drei Ebenen (siehe Unsere Favoriten, S. 111). Die zugehörige Villa wird für private Events genutzt. Ganz im Norden des Valpolicella-Gebietes ist ein Naturwunder zu bestaunen: Die **Ponte di Veja** ist eine der größten natürlichen Steinbrücken Europas. Um sie zu erreichen, fährt man von Fane aus in Richtung Sant'Anna d'Alfaedo, bei einer Abzweigung geht es weiter Richtung Giare, kurz darauf wird die Ponte di Vieja erreicht. Sie entstand beim Einsturz einer Karsthöhle vor etwa 120 000 bis 80 000 Jahren.

ERLEBEN

Wer bei einer **Rundfahrt durch Valpolicella** das ein oder andere Weingut besuchen oder irgendwo nett essen möchte, erfährt mehr auf der Webseite www.stradadelvalpolicella.com. Kellereien, Restaurants, Hotels und Agroturismo-Betriebe haben sich hier zusammengeschlossen und liefern detaillierte Infos zu ihren Betrieben.

RESTAURANT

Mit gekonnt und frisch zubereiteten regionalen Spezialitäten, bestens begleitet von den Weinen der Gegend, begeistert die €€–€€€ **Enoteca Valpolicella** (Via Osan, 45, Fumane, Tel. 0039 045 683 91 46, www.enotecadellavalpolicella.it, Sonntagabend und Mo. geschl.).

INFORMATION

Oficina de Turismo
Infopoint Strada del Vino Valpolicella
Via Ingelheim 9, San Pietro in Cariano
www.infovalpolicella.it

ISOLA DELLA SCALA 11

Zentrum des Reisanbaus in der Bassa Veronese ist der Ort Isola della Scala. Das von noblen Landsitzen umgebene Städtchen (12 000 Einw.) geht zurück auf die Herrschaft der Familie Scaligeri bzw. della Scala im 13. Jh.

SEHENSWERT

Die **Pila Vecia della Riseria Ferron** (Via Torre Scaligera 9, https://risoferron.com) ist die älteste Reismühle (17. Jh.) der Bassa Veronese. Die historische fabbrica mit Schaufelrad und hölzernem Stößel-Mahlwerk funktioniert bis heute. Nunmehr schon in fünfter Generation führt die Familie Ferron den Betrieb und beliefert Privatpersonen und Restaurants mit ihrem hochwertigen Produkt. Reich ausgestattet ist die Kirche (11. Jh.) der **Abazzia di San Stefano** (Via Rimembranza 2). In einer ehemaligen Kapelle wurde das kleine

Riso Vialone Nano, ein hochwertiger, besonders für Risotto geeigneter Reis.

Museo Archeologico (1. So. im Monat 15.00 bis 18.00 Uhr, Eintritt frei) eingerichtet.

VERANSTALTUNG

Bei dem großen **Reisfest** im September kennt die Phantasie der Profi- und Freizeitköche kaum Grenzen, wenn es um Kreationen auf der Basis des inzwischen EU-zertifizierten Riso Vialone Nano Veronese geht. Gabriele Ferron hat die internationale Fiera del Riso in den 1960er-Jahren mit ins Leben gerufen (www.fieradelriso.it).

UMGEBUNG

Die **Reisfelder** liegen kaum einen Steinwurf vom Ort entfernt, durchzogen von schmalen Kanälen. Reiher kreisen über ihnen. Und kleine Graskarpfen wimmeln darin. Sie werden ausgesetzt, um die Wasserläufe frei von Unkraut zu halten und schmecken übrigens auch hervorragend zum Reis. Isola della Scala liegt an der **Strada del Riso Vialone Nano Veronese**, einer Themenroute u.a. mit historischen Landsitzen wie der Villa Pindemonte (18. Jh.) in Vo (4,5 km nördl.) und der prächtig freskierten Villa Giuliari (17. Jh.) in Settimo di Gallese (7,5 km nördl.).

INFORMATION

Comune Isola della Scala
Via Vittorio Veneto, 4, Isola della Scala
Tel. 04 56 63 19 11
www.prolocobassoveronese.it

SOAVE

Wohl von einem Stamm der Sueben, die um 500 n. Chr. hier siedelten, hat die Gemeinde (7000 Einw.) ihren auch als Weinsorte bekannten Namen. Doch bereits zu Zeiten der Römer verlief hier die wichtige Via Postumia.

SEHENSWERT

Dominiert und geprägt wird Soave von seiner Höhenburg. Erstmals erwähnt im 10. Jh., residieren hier ab dem 13. Jh. die Scaliger. In die Zeit von Cansignorio della Scala (14. Jh.) fällt u.a. der der Ausbau des **Castello** (Di.–So. 9.00–12.00 und 15.00–18.00, im Winter 14.00–16.00 Uhr, 7 Euro, www.castellodisoave.it) und die Errichtung der Stadtmauer. Durch die Porta Verona gelangt man zur Hauptstraße **Via Roma**. An der Piazza Antenna stehen der **Palazzo di Giustizia** (14. Jh., heute Enoteca) und der Gemeindesitz **Palazzo del Capitano** (15. Jh.).

RESTAURANT

Je nach Saison frischer Fisch oder bigoli mit Ente, dazu eine Auswahl meist regionaler Weine, machen die **€€ Tattoria da Amedeo** (Via Roma 15, Tel. 0039 045 903 51 44, www.amedeosoave trattoria.it) zur angenehmen Einkehradresse.

UMGEBUNG

In **San Bonifacio** (4,5 km südl.) steht die Abtei San Pietro Apostolo. Ihre Kirche geht zurück auf das 8. Jh., der Campanile (12 Jh.) steht ebenfalls auf einem romanischen Sockel.

INFORMATION

Comune di Soave
Via Giulio Camuzzoni 8, Soave
Tel. 0039 045 619 07 73
www.comune.soave.vr.it

BIKEN IN VERONAS WEINHÜGELN

Nur eine knappe Stunde dauert es, um von Verona in die Valpolicella-Weinorte Negrar oder Fumane zu radeln TOPZIEL**. Beides sind beliebte Ziele sowohl bei Rennradlern als auch bei E-Bikern. Denn die Aussicht über die Rebhänge (und vielleicht eine kleine Rast etwa im Weingut Ugolini) macht alle Anstiege wett.**

Es ist schon ordentlich was los an diesem frühen Sommermorgen vor dem kleinen Bogenportal in Veronas Stadtteil Valdonega am Nordufer der Etsch. Vier junge Holländerinnen warten an der Hausmauer tatendurstig auf ihre Leihfahrräder; ein junges britisches Paar – sie im geblümten Rock, er in schwarzen Bermudas – prüft gerade Sattelhöhe und Bremsfunktion an zwei roten Gravel-Bikes.

Alle wollen (wie auch wir) auf zwei Rädern und mit eigener Muskelkraft hinauf in die nahen Hügel des Valpolicella. Elisa, schon im Radfahrerdress, gibt letzte Streckenhinweise und kundige Hilfestellung bei der Auswahl der Bikes. Mit einem Hochschulabschluss in Kunst und Design sowie einiger Auslandserfahrung (auch in Deutschland) ist die zweifache Mutter heute

Von Verona aus ist es nicht weit bis in die herrliche Landschaft des Valpolicella..

Juniorchefin des Familienunternehmens Itinera Bike & Travel; ihre Mamma Simonetta Bettio hat es 2009 (unter dem Namen Simonetta-Bike) gegründet. »Ich bin von klein auf Fahrrad gefahren«, lacht die agile Veroneserin, die zuvor lange für den italienischen Fahrradclub gearbeitet hat und inzwischen selbst sechs Mitarbeiter beschäftigt.

Buchung: Itinera Bike & Travel, Via Madonna del Terraglio 5, 37129 Verona, Tel. 0039 32 80 28 01 74, www.itinerabike.com

Preise und Touren: Je nach Fahrradtyp bezahlt man für einen halben Tag zwischen 15 und 30 €, für einen ganzen Tag zwischen 20 und 40 €. Zudem kann man geführte Touren buchen.

*

PALLADIO CONTRA GIPFEL-GLÜCK

*

Jazzklänge in einer Basilika, die keine ist. Druckkunst wie einst. Renaissance-Genius für eine hölzerne Brücke. Kanäle und köstliches Tiramisu. Alpine Landschaften voller Überraschungen: In und um Vicenza zeigt sich das Veneto facettenreich wie kaum anderswo.

Vicenzas Piazza dei Signori erstreckt sich dort, wo früher das römische Forum war. Hier steht die von der mittelalterlichen Torre di Piazza überragte Basilica Palladiana, das Hauptwerk Palladios.

Am südlichen Stadtrand von Vicenza erhebt sich auf einem Hügel die Wallfahrtskirche Santa Maria di Monte Berico.

Vicenza: Die Piazza dei Signori ist ein einzigartiger Freiluftsalon (oben). Das Museo Civico im Palazzo Chiericati birgt eine eindrucksvolle Gemäldesammlung (rechts).

Von der Panoramaterrasse auf dem Monte Berico bietet sich ein herrlicher Blick auf das Häusermeer von Vicenza.

Zur Villa Valmarana ai Nani gehört eine schöne Parkanlage.

Im Schneidersitz hockt die junge Frau auf der Brüstung der Panoramaterrasse. Der prächtigen Wallfahrtskirche des Monte Berico hat sie den Rücken zugewandt. Träumerisch schweift ihr Blick hinunter ins Tal, auf das Turm- und Dachpanorama von Vicenza und die Ausläufer der Bellunesischen Dolomiten. La Città del Palladio bezaubert aus nahezu jeder Perspektive. Im Viertel Pedemuro San Biaso war der spätere Renaissance-Baumeister schon mit sechzehn bei der Maurergemeinschaft angemeldet; danach arbeitete er gut ein Dutzend Jahre für einen Baumeister und einen Bildhauer in der Nähe. Wo aber wohnte er, damals und in den Jahren danach? Vielleicht in der schmalen, aber eleganten Casa Cogollo auf dem heutigen Corso Palladio? Oder in dem niedrigen Haus in der engen Contrà Mure Santa Lucia? Ganz klassisch und schlicht, entspräche es wohl eher dem bescheidenen, trotz guter Bezahlung meist mit seiner Familie in prekären Verhältnissen lebenden Architekten. Den Namen Palladio verdankt der als Andrea di Pietro della Gondola in Padua Geborene übrigens seinem langjährigen Mäzen Giangiorgio Trissino.

KUNST AUS STEIN UND AUF PAPIER

»So genau wissen wir tatsächlich nicht, wo Palladio in unserer Stadt wohnte,« sagt Giancarlo Busato. Der drahtige Vicentiner betreibt in dritter Generation eine Kunstdruckerei in der Contrà Mure Santa Lucia. Einige von Signore Busatos Druckblättern zeigen auch venezianische und vicentinische Motive, darunter selbstverständlich Bauten Palladios.

Und da steht er nun, im Herzen der Stadt, auf der schmalen Piazzetta, deren Treppengang hinabführt zur heute lebendigen Apéro- und Dinneradresse Piazza delle Erbe. In der linken Hand Bauplan und Zirkel. Den rechten Zeigefinger unters bärtige Kinn gereckt. Als denke er über sein Werk nach. Oder gilt die Nachdenklichkeit dem Wochenmarkt zu seinen Füßen? Den Ständen mit Kleidung, die sich dort mitunter drängen? Wie an den anderen Tagen die Tischchen der ältesten Pasticceria Vicenzas. Als die bellunesische Familie Sorarù die winzige, heute zu den locale storico, den vielen historischen

> **»UND SO SAG ICH VOM PALLADIO: ER IST EIN RECHT INNERLICH UND VON INNEN HERAUS GROSSER MENSCH GEWESEN .«**
>
> Johann Wolfgang von Goethe (1786)

Geschäften der Stadt, zählende Lokalität im 19. Jh. als Bar übernahm, trug sie noch den Namen Palladio. Wie heute der benachbarte Hutladen und die Trattoria am Eck.

HARMONIE VON ANTIKE UND KLASSIK

Palladio ist in der ebenso reichen wie charmant-unaufgeregten Messe- und Universitätsstadt (und vor deren Toren) allgegenwärtig. Gut fünfzig Werke tragen hier seine Handschrift. Einige wurden erst

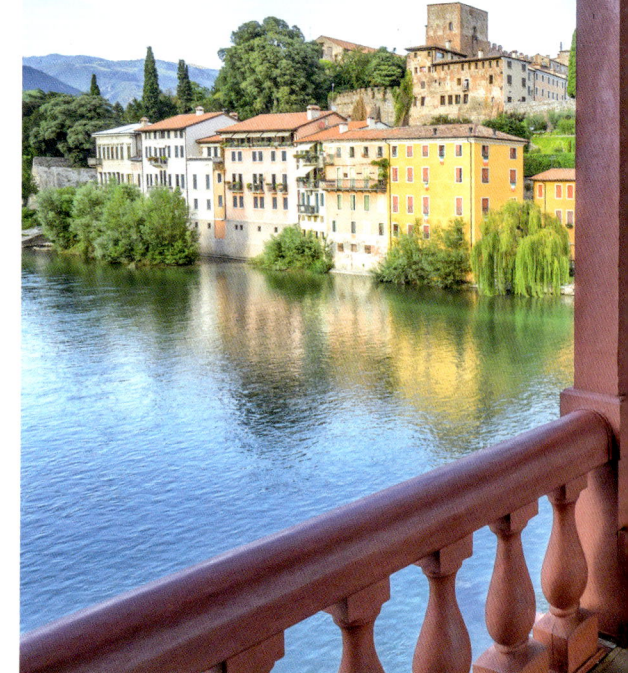

Castel Brando: Luxushotel in einer alten Burg im mittelalterlichen Ort Cison di Valmarino – von hier schaut man auf die Hügel des Prosecco-Gebietes.

Oben: Calmaggiore in Treviso.
Rechts: Der herrliche Ausblick auf die Hänge des Prosecco-Gebietes bei Valdobbiadene ist in der Osteria Senz'Oste im Preis inbegriffen.

Bassano del Grappa mit seiner berühmten Holzbrücke, dem Ponte Vecchio oder Ponte degli Alpini.

Noch heute umschließt eine Stadtmauer Castelfranco Veneto.

TIRAMISU ALS TORTE

Italiens Dessert par excellence ähnelt vom Grundsatz her der südlichen zuppa inglese. Den Unterschied macht der starke Espresso ...

Vom Namen her noch jung, erblickte das tiramesù, wie es im venetischen Dialekt heißt, das Licht der Welt bereits Mitte der 1950er-Jahre. Alba Campeol, damals Besitzerin des Lokals Beccherie in Treviso, trug gerade ihr Söhnchen Carlo unter dem Herzen. Damit die junge Frau nach der Geburt wieder zu Kräften kam, bereitete ihr die Schwiegermutter regelmäßig ein nahrhaftes Frühstuck aus mit in Zucker aufgeschlagenem Eigelb, trockenen Keksen und Kaffee.

In den 1970er-Jahren präsentierte ein Pasticciere im Restaurant der Familie Campeol erstmals diese köstliche Mischung, ergänzt durch Mascarpone. Noch heute wird Tiramisu im Restaurant Beccherie nach dem Originalrezept zubereitet – und traditionsbewusst in der originalen Tortenstückform serviert.

nach seinem Tod fertiggestellt; von seinem Sohn Silla etwa oder Vincenzo Scamozzi, einem der Schüler des Renaissancebaumeisters. »Es ist wirklich etwas Göttliches in seinen Anlagen«, notierte Goethe nach seinem Aufenthalt in Vicenza 1786. Zumindest einen sie alle auf harmonische Weise antike Vorbilder und klassische Eleganz, sei es das im Frühjahr und Herbst nach wie vor bespielte Teatro Olimpico oder die berühmte La Rotunda. Und natürlich die marmorweiße »Basilika«. Eine sakrale Bedeutung hatte der doppelstöckige Loggien- und Säulenbau freilich nie. Wie eine antike römische Königshalle (basilica domus) wurde er als hoheitliches Gebäude mit Markt- und Gerichtsfunktionen genutzt. Heute bergen seine Erdgeschossarkaden hippe Cafés, Restaurants und Cocktailbars mit Live-Jazz sowie einige Läden, deren verblichene Portalinschriften noch vom einstigen Angebot künden.

WEIT REICHTE DER RUHM

Palladios Genius beglückte auch zahlreiche Auftraggeber in der Umgebung. So realisierte er auf einem Hang der Lonedohügel bei Lugo di Vicenza für Gerolamo de'Godi seinen ersten Villenentwurf. Ein weiterer erfüllte den Wunsch des Gutsherrn Leonardo Emo in Fanzolo di Vedelag. Sein Anwesen ist noch heute im Besitz der Familie; sie lässt Besucher teilhaben an der angenehmen Mischung aus Schönheit und Nützlichkeit, die der Renaissance-Baumeister vor den Mauern von Castelfranco Veneto schuf, der um 1195 von Treviso als Bollwerk gegen den verfeindeten Stadtstaat Padua errichteten Festungsstadt.

Hier kreuzen sich bei Cortina d'Ampezzo die Wanderwege – Blick zum Monte Cristallo.

Erstaunlicherweise ist der Wasserstand des Lago Federa nahezu das ganze Jahr über konstant.

In Bassano del Grappa, am Fuß des namensgebenden Berges, stießen Palladios Entwürfe ebenfalls auf Begeisterung. Neben dem hölzernen, überdachten Ponte Vecchio über die Brenta – deren Wasserkraft einst für das Florieren zahlreicher Keramikfabriken und Druckereien sorgte – ersann der inzwischen renommierte Baumeister in dem heutigen Radfahrertreff für seinen Freund Giacomo Angarano ein Herrenhaus. Allerdings wurden wegen zunehmend knapper Mittel nur die Flügelbauten realisiert; der Mittelbau stammt aus der Zeit der neuen Besitzer. Fünf Schwestern betreiben heute als deren Nachfahren eine Azienda Agricola auf den Territorien der Villa Angarano, verkaufen Wein, Olivenöl – und mitunter auch den weißen Spargel von Bassano.

WO EINST MÜHLEN KLAPPERTEN

»Radicchio, buranelle e tiramisu«, schmunzelt Elisa. »Trevisos Dreifaltigkeit«. Tatsächlich trugen sowohl das violette Bittergemüse als auch das üppige Eier-Dessert den Ruf des eleganten, teils noch ummauerten Städtchens, das lange zur Republik Venedig gehörte und ähnlich wohlhabend war wie die große Schwester an der Lagune, inzwischen weit hinaus in die Welt. Und wie die Serenissima durchziehen Treviso Kanäle. Am Canale Cagan lockt morgens ein kleiner Fischmarkt; am frühen Abend ziehen die Ufer Kinder zum Steinchenwerfen und Erwachsene zum Aperitif oder Dinner an. Ein Mühlrad erinnert an jene zahlreichen molini, die sich dank der Flüsschen Botteniga und Sile einst in und außerhalb der Stadt drehten, etwa an dem Ponte di San Francesco

des Canale dei Buranelli oder am heutigen Jachthafen Porto di Fiera. In den Gassen zwischen den oft von Laubengängen gesäumten Wasseradern lassen es sich vor allem Einheimische – und sei es beim Angeln – wohlergehen. Dicht reihen sich hier Ristorante, Weinbars und Osterie. Zwischen dem Palazzo dei Trecento und dem Dom genießt oder flaniert man ebenfalls unter Arkaden. Studentengrüppchen, feingemachte alte Damen, junge Familien, zwei Hundeherrchen. Ein kurzer Plausch, manchmal nur ein Blick: man kennt sich … .

INSPIRIERENDES ALPENPANORAMA

Augen zu und wieder auf: In Belluno. Tor zu den Alpen und gleichzeitig Fenster zum Veneto. Auf einem schmalen Felsvorsprung drängt sich das Städtchen vor dem imposanten Monte Serva und den felsigen Wänden der Schiara-Gruppe. Ein gewisser Albino Luciani wurde in diese, inzwischen zum UNESCO-Welterbe Dolomiten zählende Berg-landschaft hineingeboren; zwanzig Jahre lang war der Priester aus dem heutigen Dorf Canale d'Agordo, nahe dem Val di Zoldo, dem Tal der gelateri (Eismacher), Generalvikar in Belluno. Kurz vor seinem Tod wurde er als Johannes Paul I. zum Papst gewählt. Auch der Südtiroler Extrembergsteiger Reinhold Messner fühlt sich als »Kind der Dolomiten« eng mit der Region verbunden. Sein Museo nelle Nuvole, das Wolkenmuseum auf dem Festungsplateau des Zweitausenders Monte Rite liegt nur wenig südlich von Pieve di Cadore, dem Geburtsort des Holzhändlersohnes und Malers Tiziano Vecellio, genannt Tizian.

Eines der Museumsprojekte von Reinhold Messner: das MMM Dolomiti oder Wolkenmuseum bei Cibiana di Cadore.

Eine Sauna in 2000 m Höhe – sie gehört zum Rifugio Croda da Lago.

Gut 10 km nordöstlich von Cortina d'Ampezzo erreicht man den Lago di Misurina mit Bootsverleih.

Plätze für den Aperitif

APÉRO MIT AUSSICHT

Ein Glas frischen Weißwein mit Blick auf die Skyline Venedigs. Prickelnder Prosecco auf Paduas schönster Piazza. Aperol in der Dachlandschaft von Vicenza. Euganeischen Spritz auf der versteckten Terrasse im Geburtsort des Dichters Petrarca: Es gibt im Veneto viele schöne Bars, um sich auf das Dinner einzustimmen oder den Sonnenuntergang zu genießen.

1

DA MONICA

»Alle meine Koffer sind weitgereist«, lacht Monica Tedeschi und zeigt auf ihren Tresen, für den mehr als ein Dutzend kleiner und großer historischer Gepäckstücke die Basis bilden. Gekauft hat die quirlige, auf Giudecca aufgewachsene Barbesitzerin die ledernen Schätze bei einem venezianischen Antiquar – und der moderne Deckenlüster, auf den sie stolz verweist, stammt von einem Glaskünstler aus Murano. Zu Monica kommen viele Giudeccaner regelmäßig auf einen Schwatz bei Café, Wein oder Snack; Fremde genießen meist bei einer der sechs Spritz-Varianten den atemberaubenden Blick von der nördlichen Promenade der Giudecca auf die faszinierende Skyline Venedigs.

**Fondamenta Croce 78/79
Giudecca, Venedig
Tel. 041 522 87 53
tgl. 8.00–23.00 Uhr**

2

TERRAZZA ARENA

Schwindelfrei sollten Sie schon sein für die drei verglasten, wie transparente Bauklötze aufeinandergestapelten Ebenen der Sky Lounge Bar im fünften Stock des kleinen Veroneser Hotels Milano – vor allem, wenn ihr Tischchen an den Außenseiten der stylischen Terrasse steht. Zwar schweift der Blick von hier ungehindert hinüber zur römischen Arena, fällt aber mitunter auch tief hinab in die winzigen Höfe und schmalen Schächte der umstehenden Häuser. Und wenn der filigrane Designer-Stuhl dann noch am Rand des Jacuzzi steht, stellt sich die Frage nach einem zweiten Cocktail besser nicht …

**Hotel Milano
Vicolo Tre Marchetti 11
Verona, Tel. 045 59 60 11
www.hotelmilanoverona.com
tgl. 15.00–24.00, im Winter bis 21.00 Uhr**

3

CHE TERRAZZA

Klein aber grandios! Kaum eine zweite Bar im Zentrum Vicenzas bietet solch einen Rundumblick. Über den vier Geschossen eines inzwischen als Hotel dienenden Palazzo aus der ersten Hälfte des 19. Jh.s entdeckt das Auge – vielleicht sogar von der zusätzlichen Mini-Plattform direkt über dem weißen Cocktailtresen – ein herrliches Panorama von Dächern, Kuppeln und Türmen. Es reicht von der nahen Basilica Palladiana mit der Torre Bissari über die ehemalige Chiesa di San Giacomo und die markante Silhouette der Santo-Stefano-Kirche bis hinauf zur Wallfahrtskirche auf dem Monte Berico.

**Antico Hotel Vicenza
Stradella dei Nodari 5
Vicenza
Tel. 044 41 57 34 22
www.anticohotelvicenza.com
tgl. 18.00–23.30 Uhr**

4

ACQUASALSA

Ein halbes Dutzend Prosecchi von den Colli zur Wahl und mindestens ebenso viele Polpette-Varianten, also frittierte Bällchen, als cicchetti dazu: zum Beispiel mit Stockfisch oder Barsch, Artischocken oder Spargel. Das Ganze serviert mit Blick auf Trevisos Fischmarkt-Inselchen; mit etwas Glück sogar direkt am Wasser und am Abend romantisch beleuchtet. Kein Wunder, dass der Andrang hier groß ist und das stimmungsvolle Ambiente seinen Preis hat.

**Vicolo Pescheria 41/43
Treviso
Tel. 042 254 49 82
Di.–Fr. 11.30–15.00 und
18.00–24.00, Sa. durchg.
bis 1.00, So. bis 23.00 Uhr**

5

BAR NAZIONALE

Um Paduas Palazzo della Ragione drängen sich Bars und Cafés in großer Zahl. Kenner schwören jedoch auf die winzige östliche Eck-Location am Fuß des mittelalterlichen Gerichts- und Marktgebäudes. Denn die tramezzini zum klassischen Spritz oder Bier sind hier seit langem von besonderer Güte. Probieren Sie die mit Fontina-Käse und Rotkohl oder mit porchetta (Schweinerollbraten) und Peperoni! Und zwar ganz bequem an einem der zahlreichen Tische der traditionsreichen Bar direkt vor ihrer Tür.

**Piazza delle Erbe 41, Padua
Tel. 049 65 79 15
tgl. 8.00–21.00 Uhr**

6

L'ENOTECA DI ARQUÀ

Das kleine Hinweisschild vor dem Torbogen der Piazza San Marco wird leicht übersehen. Aber fast alle im Dorf kennen Pino Cesarottos Weinhandlung in der steilen Gasse hinter dem trutzigen Gemäuer. Denn Signore Pino ist der Erfinder des Spritz Euganeo. Und serviert diesen leichten Cocktail aus ausschließlich regionalen Zutaten wie Grappa-Likör, moussierendem Moscato Fior d'Arancio und einer roten, olivenförmigen Mini-Dattel (giuggiola), gern eigenhändig auf der versteckten Terrasse der Enoteca. Dazu gibt es eine Auswahl von Bruschette. Das hätte sicher auch dem Dichter Francesco Petrarca gefallen, der nahe der heutigen Enoteca das Licht der Welt erblickte.

**Via Castello 9
Arquà Petrarca
Tel. 042 977 73 64
www.lenotecadiarqua.it
Mo.–Mi., So. 11.00–21.00,
Fr., Sa. 11.00–23.00 Uhr**

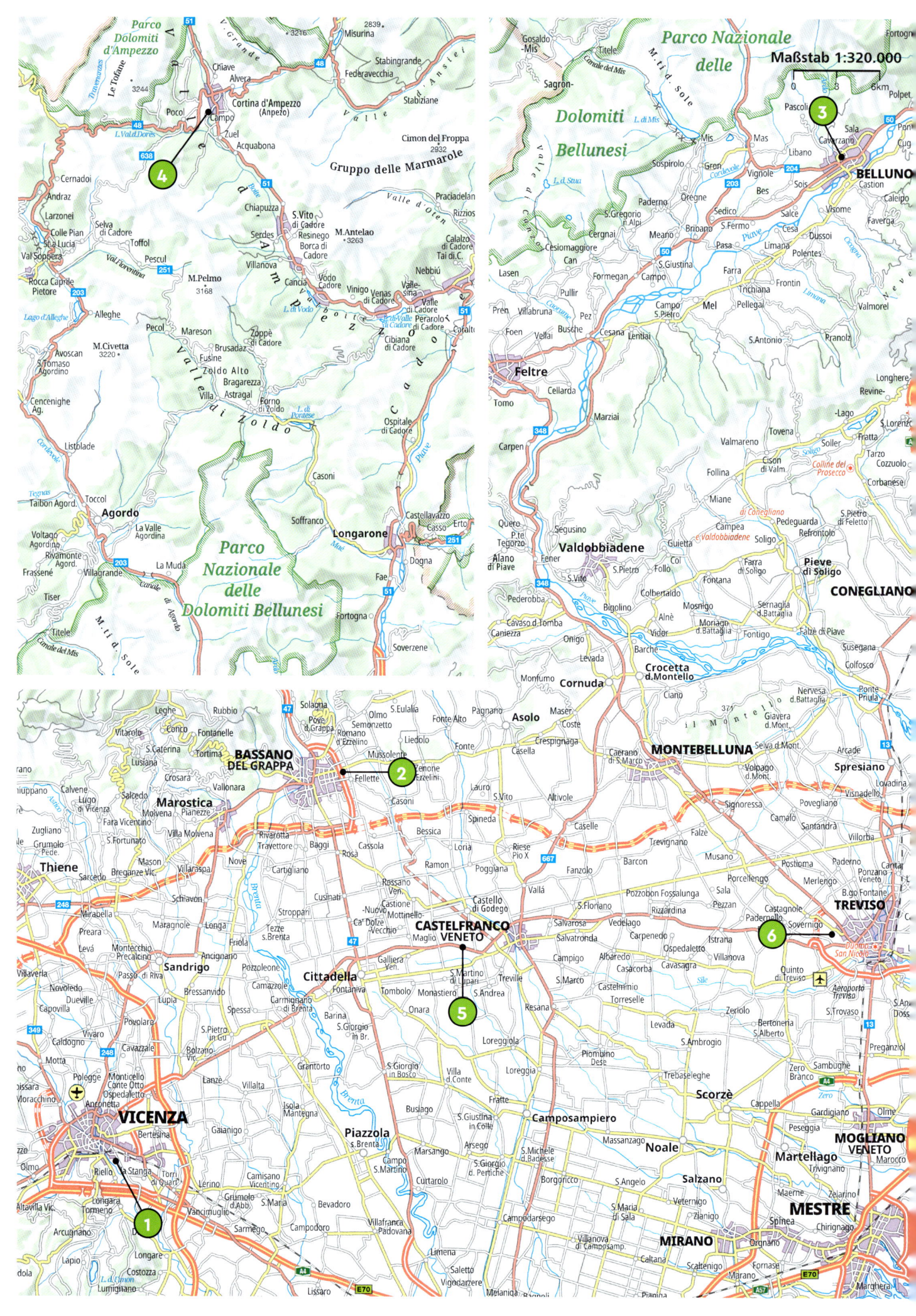

BAUKUNST, GRAPPA UND GEBIRGSPANORAMEN

Im Dreieck Vicenza, Bassano und Treviso paaren sich Renaissance-Architektur, mittelalterliches Festungswesen und Genuss auf der Basis von Stockfisch und Trauben. Die majestätischen Dolomiten sorgen zudem vielerorts für eine prächtige Kulisse.

VICENZA

Città del Palladio – so nennen die Bürger des Veneto stolz ihre im 7. Jh. v. Chr. gegründete Stadt (110 500 Einw.) Die zahlreichen Bauten des Renaissancebaumeisters Palladio (1508–1580) brachten ihr den UNESCO-Welterbestatus ein.

Shoppen unter Arkaden: Unterwegs auf dem Corso Palladio in Vicenza.

SEHENSWERT

Bei einem Spaziergang über den Corso Palladio und über die Piazza dei Signori begegnet man dem Gros der Palladischen Werke. Auf dem **Corso Palladio** stehen vor allem seine Stadtpaläste wie jene für die Familien Valmaran oder Thiene. Eindrucksvollstes öffentliches Werk ist aber die **Basilica Palladiana TOPZIEL** (Piazza dei Signori/Piazza delle Erbe, Di.–So. 10.00–18.00 Uhr, 5 Euro). Der ursprünglich gotische Bau diente als Versammlungssaal des Großen Rats. Den Wettbewerb zu seiner Verschönerung gewann Palladio, indem er den Kernbau mit einem zweigeschossigen Säulenportikus aus Marmor ummantelte. Vom Baumeister stammt auch der Vorschlag, das Bauwerk als »Basilika« zu benennen. Es ist die antike Bezeichnung für einen Versammlungs- und Gerichtsort. **Das Teatro Olimpico** (Piazza Matteotti 11a, Di.–So. 10.00–17.30, im Winter 9.00–17.00 Uhr, 11 Euro, www.teatrolimpicovicenza.it) stellte sein Sohn Silla fertig. Es ist vermutlich der erste überdachte Theaterraum in Europa. Den **Palazzo Capra** umgibt heute ein

Einkaufszentrum. Auch Kuppel und Portal des – mehrfach veränderten **Duomo di Vicenza** (8. Jh., Piazza del Duomo) stammen von dem Renaissancebaumeister. Über einen 2 km langen Bogengang erreicht man den **Monte Berico** mit der barocken Wallfahrtskirche Santa Maria. Ganz in der Nähe befindet sich die **Villa Valmarana ai Nani** (17./18. Jh., Via dei Nani 8, März–Okt. tgl. 10.00–18.00, im Winter bis 17.00 bzw. 16.00 Uhr, 12 Euro, www.villavalmarana.com) mit ihren grotesken Zwergfiguren auf der Gartenmauer. Berühmt ist die Villa aber vor allem für die Fresken von Vater und Sohn Tiepolo. Nur wenige Schritte sind es von hier bis zu Palladios berühmter **Villa La Rotonda TOPZIEL** (Via della Rotonda, 45, Mitte März–Ende November Fr., Sa., So. 10.00 bis 12.00 und 15.00–18.00 Uhr, im Winter nur nach Vereinb., 10 Euro, www.villalarotonda.it).

MUSEEN

Palladios Palazzo Chiericati ist seit 1855 Sitz des **Museo Civico** (Piazza Matteotti 12, www.musei civicivicenza.it, tgl. 10.00–18.00 bzw. 9.00–17.00 Uhr im Sommer, 7 Euro) mit Kunst und Kunsthandwerk des 13.–20. Jh.s. Und im Palazzo Barban de Porto ist inzwischen das **Museo Palladio** (Contra' Porti 11, Mi.–So. 10.00–18.00 Uhr, 8 Euro, www.palladiomuseum.org) untergebracht.

ÜBERNACHTEN

Moderne Eleganz mit venezianischem Touch bieten die 28 Zimmer und Suiten des **€€–€€€ Palazzo Scamozzi** im Herzen Vicenzas (Corso A. Palladio 40, www.palazzoscamozzi.com). Ca. 10 Min. Anfahrt nach Vicenza muss in Kauf nehmen,

Die Bühnenkulisse (von 1583) des Teatro Olimpico täuscht mit ihren Toren Tiefe vor.

Im Palazzo Chiericati ist das Stadtmuseum von Vicenza untergebracht.

wer im **€€€–€€€€ Hotel Villa Michelangelo** nächtigen möchte. Ein großer Park umgibt die im Palladiostil errichtete Villa mit ihren 52 Zimmern (Via Sacco 35, Arcugnano, www.colle zione.starhotels.com).

RESTAURANT

Der geschnitzte große Kabeljau vor dem Eingang lässt keine Zweifel: In der **€€ Trattoria di Palmerino** (Via Piave 13, Sandrigo, http://palme rino.eu) dreht sich (fast) alles um den baccalà, den Stockfisch. Alla Vicentina und auf vielerlei weitere Arten bereiten Vater und Sohn ihn für ihre Gäste zu.

INFORMATION

I.A.T.
Piazza Matteotti 12
Tel. 0039 044 99 47 70
www.vicenzae.org/de/
Eine weitere Touristeninformation ist in der Basilica Palladiana untergebracht.

BASSANO DEL GRAPPA

Unmittelbar am südlichen Alpenrand, 35 km nordöstlich von Vicenza gelegen, ist das traditionsreiche Keramiker-Städtchen (44 000 Einw.) vor allem berühmt für seine hölzerne Brücke über die Brenta.

SEHENSWERT

Schon im 12./13. Jh. verband eine Holzbrücke die beiden Flussufer von Bassano. Ihre heutige Gestalt verdankt der **Ponte Vecchio** (auch: Ponte degli Alpini) einem Entwurf Palladios von 1569. Vielfach zerstört, wurde er getreu desselben stets neu errichtet. Nach der Zerstörung im Zweiten Weltkrieg sorgten örtliche Alpini (Gebirgsjäger) für die Rekonstruktion.

MUSEEN

Am östlichen Brückenkopf befindet sich das kleine **Grappa-Museum Poli** (Via Gamba 6, tgl. 9.00–13.00 und 14.00–18.00 Uhr, Eintritt frei, www.poligrappa.com). Hier erfährt man, wie Grappa entsteht und kann das Kultgetränk auch

Hübsche Paläste umstehen die Piazza dei Signori von Treviso.

verkosten und kaufen. Eine metallene Rhinozeros-Skulptur auf der Uferterrasse des Palazzo Sturm (18. Jh.) verweist auf das **Museo della Ceramica** (Via Schiavonetti 40, https://materceramica.org/poi/museo-della-ceramica-giusepperoi/, Mo., Mi.–So. 10.00 bis 19.00 Uhr, 7 Euro). Seine Sammlungen reichen von mittelalterlicher Keramik bis zu den Werken zeitgenössischer Künstler. Das **Museo Civico** im Kloster San Francesco zeigt archäologische Funde und einiges zur Stadthistorie. Die zugehörige Pinakothek (Piazza Garibaldi 34, Mo., Mi.–So. 10.00–19.00 Uhr, www.museibassano.it) birgt u.a. Werke des Malers Jacopo dal Ponte (16. Jh.), genannt Bassano. Das Museum steht nahe der zentralen Piazza della Libertà.

UMGEBUNG

Das Städtchen **Marostica** (6 km südw., www.comune.marostica.vi.it) ist für seine zwei Burgen und das »lebende Schachspiel« davor bekannt. Dabei wird eine historische Schachpartie mit lebenden Figuren ausgetragen (jedes zweite Jahr in Jahren mit gerader Jahreszahl, Mitte Sept.). Die **Villa di Maser** in gleichnamigem Ort (8 km östl. von Asolo) entwarf Palladio um 1560. Sie beherbergt Fresken von Veronese (April–Okt. Di. bis So. 10.00–18.00, im Winter Sa., So. 11.00 bis 17.00 Uhr, 9 Euro, www.villadimaser.it). Wenige Kilometer nördlich von Asolo erreicht man **Possagno**. Hier lohnt das in mehrere Gebäude aufgeteilte Museum Canova den Besuch. Auffallendster Bau ist der 1819–1830 erbaute Tempel von Canova. In ihm befindet sich die Grabstätte

des 1757 geborenen Künstlers (Di.–Fr. 9.30 bis 18.00, Sa., So. 9.30–19.00 Uhr, 10 Euro, www.museocanova.it). Wer den Ort in nordöstlicher Richtung verlässt, erreicht bald **Valdobbiadene**, bekannt für den hier erzeugten Prosecco. Die **Strada del Prosecco** erschließt das Gebiet.

INFORMATION

IAT Tourist Office
Piazza Garibaldi 34
Tel. 0039 042 451 99 17
www.comune.bassano.vi.it

3 BELLUNO

Das Bergstädtchen (35 000 Einw.) vor der majestätischen Kulisse der Dolomiten erlebte viele Herrscher. Heute ist es ein beliebter Ausgangspunkt für Wanderungen und Skisport.

SEHENSWERT

Fünf farbig markierte Themenwege erschließen das historische Zentrum. Sein Herzstück ist der **Dom Santa Maria Assunta** (16. Jh.) mit typisch venezianischem Campanile. Ehemals Sitz des venezianischen Statthalters war der **Palazzo dei Rettori** (15. Jh.) mit Uhrturm aus dem 16. Jh. Der **Palazzo dei Vescovis** mit dem auffallenden Torre Civica ist der Rest einer Burg aus dem 12. Jh. Im Hof des **Palazzo della Crepadona** steht der mit Jagdszenen verzierte Sarkophag des Römers Flavius Ostilius. Erhalten sind auch Reste der mittelalterlichen Stadtmauer sowie zwei ihrer Tore: Porta Dojona im Norden und Porta Rugo im Süden. Die zentrale grüne **Piazza dei Martiri** mit ihren Cafes unter den Laubengängen ist das Wohnzimmer Bellunos.

MUSEUM

Im Palazzo Giuristi (Via Roma 28, Di., Mi., Fr. 9.30 bis 12.30 und 15.30–18.30, Do. 9.30–12.30, Sa., So. 10.00–18.30 Uhr, 8 Euro) ist heute das **Museo Civico** (https://mubel.comune.belluno.it) untergebracht; das Stadtmuseum birgt u.a. ein Monumentalwerk von Tintoretto.

INFORMATION

Tourist Info IAT
Via Duomo 2
Tel. 0039 334 281 32 22
www.belluno-turismo.it

4 CORTINA D'AMPEZZO

Vor allem als Ort des Wintersports hat das in gut 1200 m Höhe in den Dolomiten gelegene Cortina d'Ampezzo Ruhm erworben. Aber auch im Sommer geht es in dem Städtchen mit seinen rund 6000 Einwohnern lebhaft zu.

MUSEUM

Das **Museo d'Arte Moderna Mario Rimoldi** ist eine bedeutende Sammlung für italienische Malerei des 20. Jh.s (Corso Italia, Di.–So. 10.30 bis 12.30 Uhr und 16.00–20.00 Uhr, 8 Euro, www.musei.regole.it).

UMGEBUNG

Rund 30 km südöstlich von Cortina d'Ampezzo erreicht man **Pieve di Cadore** (3800 Einw.). Der kleine Ort liegt auf 878 m Höhe. Hier steht im Ortszentrum das Geburtshaus Tizians. Gezeigt

werden einige historische Möbel und Repliken verschiedener Gemälde.

Der Südtiroler Bergsteiger Reinhold Messner hat mit seinem imposanten Projekt Messner MountainMuseum sechs großartige Bergmuseen initiiert und finanziert. Eines davon liegt bei Cibiana di Cadore (15 km südwestl. von Pieve di Cadore) auf dem Monte Rite in 2181 m Höhe: das **MMM Dolomiti TOPZIEL** (oder Wolkenmuseum).Grandios ist allein schon der Ausblick: Man genießt einen herrlichen Rundumblick. Die Dauerausstellung befasst sich mit der Erschließung der Dolomiten, mit der Erstbesteigung der Dolomitengipfel und mit neuen Routen (Juni–Sept. tgl. 10.00–17.00 bzw. 18.00 Uhr im Juli und Aug., 12 Euro, http://www.messner-mountain-museum.it). Mit dem Auto kann man bis zum Parkplatz am Passo Cibiana fahren, von dort verkehrt ein Shuttlebus. Oder aber man geht von hier zu Fuß zum Museum (hin und zurück ca. 2 Std.).

INFORMATION

Ufficio Informazioni Turistiche
Corso Italia 81
Tel. 0039 043 686 90 86
www.dolomiti.org

5 CASTELFRANCO VENETO

In der noch heute von einer Stadtmauer kompett umgebenen Festungsstadt (34 000 Einw.), erblickte der Renaissancemaler Giorgio da Castelfranco, genannt Giorgione, das Licht der Welt.

SEHENSWERT

Anstelle einer romanischen Kirche erhebt sich heute direkt an der Stadtmauer der klassizisti-

GRAPPA-DESTILLE WIE EINST

Noch handwerklich, in den uralten Brennkesseln der Familie stellt Marco Schiavo seinen Grappa her. Seit 1887 besteht die kleine **Schiavo-Destillerie**; *Basis für die Brände sind u.a. der Trester der Amarone-Traubensorten, aber auch am Stock getrocknete Cabernet- und Merlot-Beeren.*

Schiavo-Destillerie
Via G. Mazzini 39, Costabissara, Tel. 0039
044 497 10 25, www.schiavograppa.com
Mo.–Sa. 8.00–12.30 und 14.30–19.30 Uhr

MMM Dolomiti: Schon allein die Aussicht lohnt das Kommen.

sche Dom **Santa Maria Assunta e San Liberale** des lokalen Baumeisters Francesco Maria Preti. In der rechten Chorkapelle des Doms befindet sich eines der wenigen erhaltenen Werke von Giorgione. Maria Preti ist auch das noch immer bespielte **Teatro Accademico** zu verdanken (Via Garibaldi 4 Mo.–Fr. 9.00–12.30 Uhr).

MUSEUM
Im **Museo Casa Giorgione** (Di., Mi. 10.00–13.00, Do.–So. 10.00–18.00 Uhr, www.museocasagiorgione.it) ist ein in Grisaille-Technik gemalter brauner Fries des Künstlers erhalten.

INFORMATION
Touristinfo IAT
Via Riccati 11 (im Palazzetto Preti)
Tel. 0039 042 373 54
www.comune.castelfrancoveneto.tv.it

TREVISO

Natur und Architektur bilden in der ummauerten und von Kanälen durchflossenen Römergründung (86 000 Einw.) ein harmonisches Ganzes. An ihren Rändern haben Unternehmen wie Geox und Benetton ihren Sitz.

SEHENSWERT
Salon und historisches Herz des alten Bischofssitzes am Zusammenfluss von Sile und Bottena ist die **Piazza dei Signori**. Hier paaren sich der Palazzo del Podestà (15. Jh., heute Präfektur), der Palazzo Trecento (Sitz des Stadtrats) sowie die Torre Civica (beide 13. Jh.), mit Bars und Geschäften. An dem Platz beginnt zudem die einstige Römer- und heutige Einkaufsstraße **Calmaggiore**. Der Dom **San Pietro Apostolo** (12./16. Jh.) mit romanischer Krypta und Tizian-Gemälde bildet mit der Kirche **San Nicolò** (13./14. Jh.) und dem heute museal genutzten **Complesso Santa Caterina** (Piazzetta Mario Botta 1, Di.–So. 10.00 bis 18.00 Uhr, www.museicivicitreviso.it) den religiösen Schwerpunkt Trevisos.

RESTAURANT
In der mittelalterlichen Casa dei Carraresi (heute Kulturzentrum) serviert das luftig-elegante €€–€€€ **Ristorante Ca' dei Brittoni** (Via Pescheria 12/14, Tel. 0039 34 70 60 15 29) sowohl gute cicchetti zum Aperitif als auch modern interpretierte regionaltypische Gerichte.

INFORMATION
IAT Treviso
Piazza Borsa 4, 0039 0422 59 57 80
www.visittreviso.it

VERTIKALES GRÜN IN VIELEN VARIANTEN

Grün spielt in Vicenza eine wichtige Rolle – sowohl am Stadtrand als auch im Zentrum. Aber nicht nur unter den Füßen begegnet es dem Flaneur oder als schattenspendende Baumkronen wie am Ufer des Bacchiglione, des Retrone-Flüsschens und im Giardino Salvi mit seinem Loggiabau im Palladiostil.

Il verde ziert auch so manches Mauerwerk. Es lohnt sich daher, in Vicenza den Kopf in den Nacken zu legen und an den Fassaden hoch zu schauen – nicht nur wegen der prächtigen Architekturdetails. Schon am berühmten Teatro Olimpico bedecken Efeu und wilder Wein die Außenmauern. Wer sich nur wenige Schritte weiter, am Beginn des Corso Palladio durch das Portal mit dem Hinweis »Vendita di Vino« traut, kann im Innenhof sein Auge an grünen Blätterkaskaden ergötzen, die von Dachgärtchen und kleinen Balkonen über die vier hohen Geschosse des Ensembles hinunterwallen.

Grün in diversen Varianten: Casa Pigafetta (links) und am Teatro Olimpico (unten).

Oft muss man noch nicht einmal eine angelehnte Tür aufstoßen, um das Fassadengrün zu entdecken: vielerorts rankt oder reckt es sich vor den Fenstern, etwa an den Häusern beim Ponte San Paolo mit seinem blumengeschmückten Geländer. Sogar in einer der nahe schattigen Gassen wuchert Blütengrün über die schmiedeeisernen Gitter des Palazzo Pigafetta, an dem eine Tafel an den gleichnamigen Entdeckungsreisenden und Magellan-Begleiter erinnert. Und es gibt noch viele weitere Fassaden zu entdecken, an denen die Bewohner Vicenzas liebevoll ihr privates, vertikales Grün hegen.

Information: Eine geführte Tour zu Vicenzas Fassadengrün gibt es (noch) nicht. Mitunter wächst die Pflanzenpracht aber nicht nur von oben nach unten, sondern auch aus großen Terrakottatöpfen vor Restaurants und Geschäften himmelwärts.

*

ZWISCHEN WASSER UND WISSEN

*

Von der anmutigen Vulkan-
landschaft der Euganeischen
Hügel fühlten sich schon früh
Wissenschaftler und Dichter an-
gezogen – ebenso wie jene, die
Linderung für ihren geplagten
Körper suchten. Abanos Thermen
nutzten bereits die Römer, Padua
schrieb Medizingeschichte.

Der älteste Anatomielehrsaal der Welt befindet sich in der
Universität von Padua: das Teatro Anatomico (von 1595).

Padua: Auf dem riesigen Prato della Valle stehen 80 Statuen bedeutender Bürger. Im Hintergrund die Abtei von Santa Giustina.

So viel Wasser. So viele Laubengänge. So viele Plätze. Padua ist üppig. In vielerlei Hinsicht. Umgeben von den Colli Euganei, mit Wäldern, Wiesen, Reben, Klöstern, Landgütern und Dörfchen geschmückten Vulkankegeln, aus deren Tiefe heiße Quellen aufsteigen und die Region zum wohl größten Thermalgebiet Europas machen. Das Stadtgebiet von Padua wird fast komplett vom Bacchiglione-Fluss und seinen Verästelungen umarmt. Kanalverbunden mit der Brenta und somit Zufahrtsweg zu den noblen Ufervillen der Riviera del Brenta. Brücken gibt es im Dutzend, wie den Ponte San Giovanni delle Navi. Ein paar Schritte nur, dann verschlucken uns Paduas Arkadengänge. Auch Radfahrer nutzen die geschützten, mit blanken Steinquadraten belegten Böden der Arkaden gern – als bequeme Alternative zur holprigen Flusskieseldecke der schmalen Altstadtsträßchen. Obwohl auch diese meist glatte »Fahrradstreifen« an beiden Seiten aufweisen.

ALLTAGSTRUBEL AUF ALLERLEI PLÄTZEN

Einmal abbiegen – und schon stehen wir unter einem weiten Himmel. Piazza del Duomo, Piazza dei Signori, Piazza delle Erbe, Piazza della Frutta: Dicht folgen Paduas große Freiflächen aufeinander, gesäumt oder ganz belegt von Café- und Restauranttischen, von Marktständen. Jung und Alt Seite an Seite, bei den Menschen wie den Gemäuern. Studenten lagern auf den Treppenstufen der säulengeschmückten Loggia del Consiglio. Feine Damen prüfen das Obst- und Gemüseangebot am Saum des prächtigen Palazzo della Ragione – um dann in den inneren Marktgängen dieses historischen Justizpalastes noch ein gutes Stück Fleisch oder Käse auszuwählen. Danach gibt es rasch einen Espresso. Oder für den schnellen Hunger ein paar Muscheln, Krabben, Tintenfische auf die Hand. Streetfood paduense.

MENSCH UND MOND ALS STUDIENOBJEKT

Futter für den Kopf liefert der nahe Palazzo Bo. Er birgt den Hauptsitz von Paduas Universität. Schon 1222 gegründet, zählt sie zu den drei ältesten Hochschulen Europas. Vor allem die Rechtswissenschaften machten sie früh berühmt. Der eigene historische Heilpflanzengarten, angelegt schon Mitte des 16. Jh.s und erst kürzlich um einen futuristischen Anbau erweitert, zählt seit 1997 zum UNESCO-Erbe.

Der Palazzo della Ragione an der Piazza della Frutta wurde als Gerichtssitz erbaut. Die Arkadenreihe im Erdgeschoss beherbergt heute Cafés und Läden.

»Il Santo« nennen die Paduaner die Kirche Sant' Antonio (links). Groß ist das Angebot auch an Hülsenfrüchten beim Markt auf der Piazza della Frutta.

Wein und Obst gedeihen an den Hängen der Euganeischen Hügel. Sie ragen aus der Poebene bis zu 600 m hoch auf.

Und das hölzerne Teatro Anatomico kennen wohl nicht nur italienische Medizinstudenten. Sogar Galileo Galilei lehrte an der Universität von Padua, dozierte von seinem groben Holzkatheder in der Aula Magna anschaulich etwa über Kugellaufbahnen – und entdeckte von seinem Haus in der heutigen Via Galilei per Teleskop die »Medici-Sterne«: die vier Monde des Jupiter. Das Observatorium La Specola gab es damals noch nicht.

EIN KAFFEHAUS OHNE TÜREN

Etwa um dieselbe Zeit eröffnete ein gewisser Francesco Pedrocchi aus Bergamo in Padua eine bottega del caffè. Der gewählte Standort lag strategisch überaus günstig: in der Nähe der Universität, des Rathauses, der Märkte, des Theaters, der Piazza dei Noli (Piazza Garibaldi), von welcher damals Postkutschen in die umliegenden Städte abfuhren, und der ehemaligen Piazza delle Legne, wo man mit Holz und

> **»ES IST ERFREUEND UND BELEHREND, UNTER EINER VEGETATION UMHERZUGEHEN, DIE UNS FREMD IST. «**
>
> Johann Wolfgang von Goethe in Padua 1786

Nicht nur Kurgäste fühlen sich in Abano Terme (beide Abb. links) wohl, wegen der Lage zu Füßen der Colli Euganei kommen auch Wanderer und Radfahrer.

Getreide handelte. Heute erstreckt sich an ihrer Stelle die beliebte breite Fußgängerzone Piazza Cavour. Francescos Sohn Antonio beauftragte den venezianischen Architekten Giuseppe Jappelli mit der Erweiterung des geerbten kleinen Cafés. 1831 wurde Einweihung gefeiert – und bald kam noch ein elegantes Gebäude für die Konditorei hinzu. Von Anfang an war das neue Pedrocchi als »das Café ohne Türen« bekannt. Zum einen, weil es Tag und Nacht geöffnet war (bis 1916). Zum anderen wegen seiner Architektur: mit Veranda und ursprünglich ohne Fensterglas galt es als eine Art städtischer »Durchgang«. Und noch eine Besonderheit gab es: Jeder Gast konnte, auch ohne etwas zu bestellen, an den Tischen verweilen, um Bücher und Zeitungen zu lesen. Die schöne Tradition ist bis heute erhalten – allerdings nur im »Grünen Salon«. Wer mag, kann aber auch hier die Hausspezialität genießen: Espresso mit Minzsahne, serviert mit Kakaopulver.

Im Zentrum der Ortschaft Este am Südrand
der Colli Euganei.

Blick vom Castello in Este
auf den Duomo di Santa Tecla.

SCHIENENGLÜCK EINST UND JETZT

Jetzt bleibt nur noch die Straßenbahn! Tatsächlich liegt die Haltestelle Ponti Romani kaum hundert Meter entfernt. Seit 2007 verbindet die neue Tramvia Paduas Bahnhof mit dem grünen Oval des schon zu Römerzeiten für Großveranstaltungen und heute u.a. für Alltags- und Antiquitätenmärkte genutzten Prato della Valle. Und geht an beiden Enden noch um einiges über das Zentrum hinaus. Aber die Straßenbahn war keine neue Idee für die Stadt. Denn bereits am 4. Juli 1883 zockelte eine Pferdebahn von der Stazione Ferrovia bis zum Caffè Pedrocchi. Und auf den Tag genau 24 Jahre später ging es elektrisch von dort weiter gen Süden. Bis Ende der 1920er-Jahre wurde das Gleisnetz dann in alle Himmelsrichtungen erweitert. Erst 1954, durch den Krieg arg beschädigt, gab man die Tramvia komplett auf.

SO VIEL WASSER

Auch in Valsanzibio. Kaskadenartig prägt es den majestätischen, mehr als fünfhundert Jahre alten Villengarten der Familien Barbarigo, Pizzoni und Ardemani. Luigi Bernini, Bruder und Schüler des berühmten Barockbaumeisters Gian Lorenzo Bernini, und damals bereits päpstlicher Architetto dell' Acqua, trug maßgeblich zu seiner Gestaltung bei. So viel Wasser. Auch um Rovigo. Denn die Provinzhauptstadt liegt in einer Sumpflandschaft mit zahlreichen Kanälen. Dieses Schwemmland zwischen Etsch und Po, dem Rovigo sogar ein eigenes Museum gewidmet hat, ist unter dem Namen Polesine bekannt.

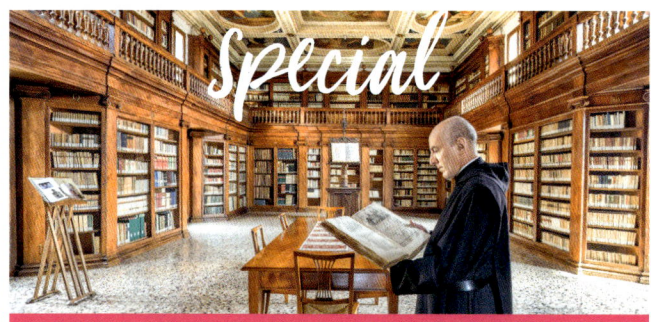

special

WOHNEN BEI MÖNCHEN

Am Fuß des Monte Lonzina liegt malerisch das im 11. Jh. von der adeligen Vicentiner Familie Maltraversi gegründete Benediktinerkloster S. Maria di Praglia. Pater Guglielmo scheint sich wohlzufühlen in seiner venetischen Wahlheimat. Er stammt aus Turin, gehört aber seit mehr als dreißig Jahren der heute 40-köpfigen Mönchsgemeinschaft bei Abano Terme an. Und hat die Geschichte des mit vier Kreuzgängen ausgestatteten Komplexes in Buchform gebracht. Tatsächlich ist die Benediktinerabtei auch eine Art Landgut, umgeben von Reben und Beeten. Wein, Likör und Honig werden produziert. Zudem werden in ihren Mauern alte Schriften restauriert. Die Bibliothek umfasst rund 130 000 Werke und beeindruckt ebenso wie das Refektorium oder die Kirche aus dem 15. Jh. Pater Guglielmos Vorliebe indes gilt dem zweiten Innenhof des Klosters. Besonders bei Regen, wie er schmunzelnd gesteht. Laien sind übrigens für ein paar Rückzugstage herzlich willkommen (https://praglia.it).

Zentraler Platz von Rovigo
ist die Piazza Vittorio Emanuele II.

Einer der vier Kreuzgänge des Benediktinerklosters
Santa Maria di Praglia.

Europa hat sich entlang großer Flüsse herausgebildet, dies beweist
das Museo dei Grandi Fiumi von Rovigo.

Die schönsten Parks

VON MYSTISCH
BIS KUNSTVOLL

Grün hat im Veneto viele Facetten: Menschenhände gestalteten es auf Klosterarealen, für Sommerresidenzen und Landgüter oft über einen Zeitraum von Jahrhunderten hinweg nach den jeweiligen Moden und Notwendigkeiten. Die Palette reicht vom Heilpflanzen-Beet über »geheime Orte« und labyrinthische Hecken bis zum Wasserboulevard.

1

PEGGY GUGGENHEIM COLLECTION

»La sua radice è eterna«: Mario Merz' Neonschriftworte im Laub begrünter Ziegelmauern, gleich neben einem eckigen Marmorthron. An aufgespießte Eisplättchen erinnernde, transparente Mini-Quadrate, die sich auf einer Art Tablett-Tisch aus einem üppigen Farn-Beet erheben. Drei filigrane schwarze Eisenstäbe, langen Blütenstengeln gleich, die im Schatten einer uralten Baumkrone himmelwärts streben: Kunst und Natur verschmelzen im kleinen Garten der Peggy Guggenheim Collection auf eindrucksvolle Weise.

**Palazzo Venier dei Leoni
Dorsoduro 701, Venedig
www.guggenheim-venice.it
Mo., Mi.–So. 10.00–18.00 Uhr**

2

GIARDINO MISTICO

Anlage und Pflanzungen dieses langgestreckten Gartens an der Flanke des Bahnhofs Santa Lucia sind inspiriert von der karmelitanischen Spiritualität nach der Ordensgründerin Teresa von Aliva. Wein, Obst, Gemüse gedeihen auf dem Areal mit sieben »Blumen-Beeten« ebenso wie Kräuter und Heilpflanzen – darunter der Türkische Drachenkopf für die vor Ort produzierte Essenz Acqua di Melissa. Auch Bienenstöcke gibt es in dem mystischen Klostergarten.

**Cannaregio 54, Venedig
Tel. 0039 348 772 84 30
http://www.giardinomistico.it
Besichtigung nur mit schriftlicher Voranmeldung unter
info@giardinomistico.it. Es
wird eine Spende erwartet.**

3

GIARDINO GIUSTI

Brunnen plätschern, ein Hahn kräht mehrmals, Bewässerungsspritzen zischen ihr Stakkato-Lied: Früh am Morgen entfaltet der terrassenförmige Garten hinter dem Palast der Familie Giusti einen besonderen Zauber – obwohl ein großes Unwetter im Spätsommer 2020 seinem Grün tiefe Wunden schlug. Schon Goethe beschrieb die einst zu den schönsten Renaissancegärten Europas zählende, später um Barockelemente erweiterte Anlage. Doch seine Dichter-Zypresse musste ebenso gefällt werden wie fast vier Dutzend weitere der berühmten Allee. Was blieb, ist die feine Grundstruktur des kleinen Gartens – und der schöne Ausblick auf Verona.

Via Giardino Giusti 2
Verona
Tel. 0039 045 803 40 29
www.giardinogiusti.com
tgl. 9.00–19.00 bzw. 10.00
bis 18.00 Uhr im Winter

4

GIARDINO DI POJEGA

Bis Graf Antonio Rizzardi sich um den Besitz seiner Familie bei Negrar kümmerte, bestand dieser lediglich aus einem einfachen Haus mit einem Weinberg und Olivenbäumen. Zwischen 1783 und 1796 entstand dann nach Entwürfen des Ingenieurs und Architekten Luigi Trezza der heutige Park. Gut 5 ha groß und im Stil eines klassischen italienischen Gartens mit romantischen Einflüssen, enthält er auf seinen drei Ebenen einige »geheime« Orte, ein Belevedere und ein »grünes« Amphitheater.

Via Villa Rizzardi, Pojega
Negrar
Tel. 0039 045 721 00 28
https://pojega.it
Ende Mai–Mitte Okt.
tgl. 10.00–18.00 Uhr

5

CASTELLO DI RONCADE

Nein, hinter den zinnenbewehrten Mauern mit trutzigen Tortürmen mitten in Roncade verbirgt sich keine mittelalterliche Burg. Sondern eine venezianische Dogen-Villa aus dem 16. Jh. mit einem herrlichen Park. Rosen und Hortensien blühen hier zwischen uralten Bäumen, grüne Hecken glänzen, helle Statuen schmücken den gepflegten Rasen. Inzwischen ist das Anwesen im Besitz der aus dem Trentino stammenden Familie Ciani Bassetti, die es restaurieren ließ und die Weingärten zu neuem Leben erweckte. Wer mag, kann in dem »castello« sogar übernachten.

Via Roma 141, Roncade
Tel. 0039 042 270 87 36
www.castellodironcade.com
Mo.–Sa. 9.00–18.30
(im Winter bis 18.00),
So. 9.00–12.00 Uhr

6

GIARDINO DI VALSANZIBIO

Mehr als hundert Pflanzenarten, viele davon bereits vor rund 400 Jahren erstmals in die Erde gesetzt, birgt das Areal dieses Parks. Die Anfänge gehen auf die Familie Barbarigo zurück. Sie schuf die Anlage als Dank dafür, von den Pestwellen 1630/31 verschont geblieben zu sein. Hecken, Alleen, Kaskaden und Statuen ergänzen die Pflanzenpracht. Viele Familien mit Kindern, junge Paare, Ausflugsgrüppchen lassen sich von der ebenso eindrucksvollen wie heiteren Naturkulisse begeistern. Mitunter blitzen darin auch moderne Kunstwerke auf – und bei den Stallungen locken die Tische und Bänke eines Kiosks.

Via Diana 2, Valsanzibio di
Galzignano Terme
Tel. 0039 340 082 58 44
www.valsanzibiogiardino.com
Ende Feb.–Mitte Dez. tgl.
10.00–13.00 und 14.00
Uhr bis Sonnenuntergang,
Sa., So. durchgehend

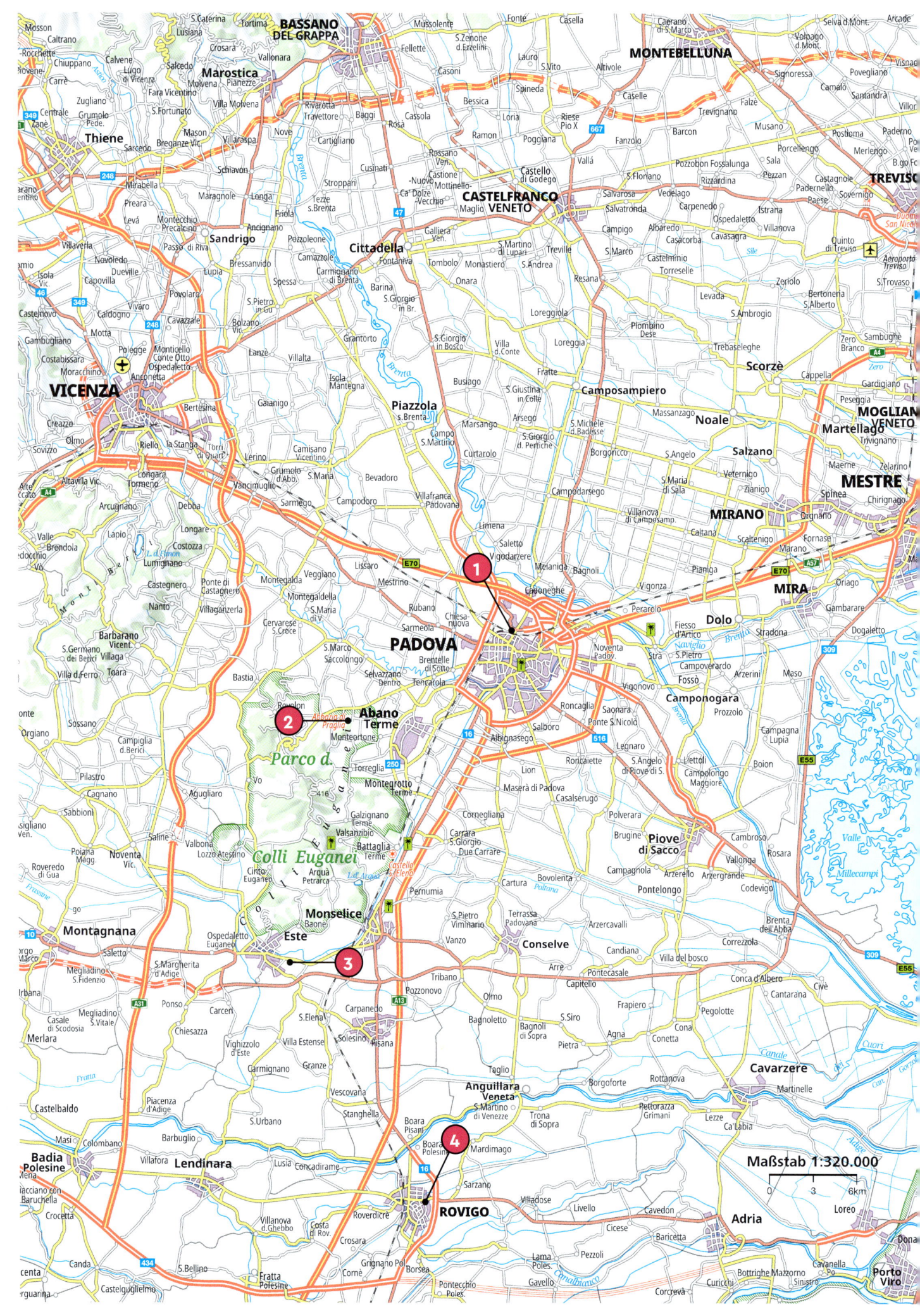

ES LOCKEN HEISSE QUELLEN, SANFTE HÜGEL UND GROSSE KUNST

In und um Padua lassen sich historische Neugierde und der Wunsch nach Wohlergehen bestens stillen. Gleich zwei UNESCO-Prädikate schmücken die alte Universitätsstadt am Bacchiglione. Und um Abano, in den Colli Euganei, locken neben Thermalwässern malerische Dörfer, Burgen, Klöster und Gärten.

PADUA

Die Stadt (210 000 Einw.) Giottos und des Heiligen Antonius birgt eine der weltweit ältesten Universitäten und bezaubert innerhalb ihrer Renaissancemauern durch ihr faszinierendes Wechselspiel von Weite und Enge. Neben dem

Bereits 1545 wurde der Botanische Garten von Padua zum Studium der Heilpflanzen angelegt.

Botanischen Garten zählt seit 2021 auch Paduas Freskenreichtum zum UNESCO-Welterbe.

SEHENSWERT

Paduas Alltags-Herz schlägt um das einstige Gerichtsgebäude, den **Palazzo della Ragione** (13. Jh., tgl. 9.00–19.00, Nov.–Jan. bis 18.00 Uhr, 7 Euro). Sein Treppenaufgang und der große Saal sind mit Fresken des 15. Jh.s geschmückt. Beide Erdgeschossflanken bergen Laubengänge mit winzigen Läden, die das Marktangebot auf den angrenzenden Arealen der Piazza delle Erbe und der Piazza della Frutta ergänzen. Der Palazzo Bo (15. Jh., Via VIII Febbraio 2, tgl. 11.00–17.00 Uhr, nur mit Führung, www.unipd.it/visitebo) beherbergt das Hauptgebäude von Paduas mittelalterlicher Universität. Ihr Herzstück ist das **Teatro Anatomico** (1595), der älteste Anatomie-Lehrsaal der Welt.

Über die **Piazza dei Signori** mit ihrem markanten Uhrturm (15. Jh.) gelangt man zum **Duomo Santa Maria Assunta** (11.–17. Jh.). Der heutige schlichte Backsteinbau, der einen herrlichen Altar birgt,

geht auf einen Entwurf Michelangelos zurück. Prächtig freskiert ist seit dem 14. Jh. das romanische Baptisterium. Im Ufergrün des Giardino dell'Arena steht die **Cappella degli Scrovegni** (14. Jh., Piazza Eremitani 8, Mo.–Fr. 9.00–19.00, Sa. bis 18.00 Uhr, 10 Euro, www.cappelladegli scrovegni.it) mit dem berühmten Freskenzyklus Giottos. Die byzantinisch anmutende **Basilica di Sant'Antonio** (13./14. Jh.) birgt das Grabmal des 1231 in Padua gestorbenen Franziskanermönchs Antonio. Es zieht jährlich Tausende von Pilgern an. Benediktinermönche legten ab 1545 mit Heilpflanzen den **Orto Botanico** der Università Padua an (Di.–So. 10.00–19.00, im Winter bis 17.00 Uhr, 10 Euro, www.ortobotanicopd.it), den weltweit ersten Botanischen Garten. In seiner Nachbarschaft erstreckt sich das von Dutzenden Statuen gesäumte ovale Inselgrün des **Prato della Valle**. Die mächtige **Basilica di Santa Giustina** (17. Jh.) ist Paduas Stadtpatronin geweiht und birgt sowohl die Grabstätte des Evangelisten Lukas als auch die der Venezianerin Elena Lucrezia Cornaro Piscopia, die 1678 als weltweit erste Frau einen Doktortitel errang – in Philosophie.

MUSEEN

Das Stadtmuseum **Musei Civici agli Eremitani** (Di.–So. 9.00–19.00 Uhr, 14 Euro, https://padova musei.it) erhellt u.a. die römische Zeit Paduas und birgt etwa 3000 Gemälde vom Mittelalter bis zur Neuzeit, darunter Werke von Tizian, Giotto, Tintoretto, Veronese, Giorgione und Tiepolo. Der Medizinhistorie Paduas und generellen Themen wie Anatomie und Chirurgie widmet sich das moderne, interaktive **Museo di Storia**

Pool des Hotels Panoramic Plaza in Abano Terme.

Bereits 1831 wurde das Caffè Pedrocchi gegründet. Schon bald avancierte es zum Treffpunkt des Risorgimento.

della Medicina MSME (Via S. Francesco 94, Sa., So. 9.30–19.00, 12 Euro, www.musme.it).

ÜBERNACHTEN

Mit eigenem Parkplatz, Spa-Angebot und ruhiger Uferlage punktet das €€ **Methis Hotel** (Riviera Paleocopa 70, www.methishotel.it). 40 Zimmer voller Kunst erwarten Reisende im €€ **Hotel Al Fagiano** (Via Locatelli 45, www.alfagiano.com).

RESTAURANTS

Nicht nur Süßes serviert das historische €€ **Caffè Pedrocchi** (Via VIII Febbraio 15, www.caf fepedrocchi.it). Auch herzhafte Gerichte wie Pasta mit Zucchini und Minze oder paduensisches Huhn stehen auf der Karte. €€–€€€ **Antico Brolo** ist ein elegantes Restaurant, das für seine feine romagnolische Küche bekannt ist. Eignet sich auch hervorragend für ein etwas üppigeres Mittagessen – uns hat die Ente mit Honig und Chili bestens gemundet (Corso Milano 22, www.anticobrolo.it).

UMGEBUNG

In Paduas Hinterland gibt es mancherlei zu entdecken, nicht zuletzt die **Brenta-Villen** TOPZIEL. Sie reihen sich entlang des Brenta-Kanals, der bereits im 16. Jh. durch die Kanalisierung des Flüsschens Brenta entstanden ist. Schon bald errichteten hier wohlhabende Kaufleute und Adlige aus Venedig ihre prunkvollen Sommersitze.

HISTORISCHE THEATERFREUDEN

Als Teatro Nuovo öffnete es 1751 erstmals seine Türen – noch vor Venedigs neuem La Fenice. Wie dieses besaß es jedoch bald eine Gasbeleuchtung. Mitte des 19. Jh.s wurde es zum Teatro Verdi modernisiert; Giuseppe Jappelli verlieh Saal und Fassade die heutige Gestalt. Oper, Ballett und Konzerte begeistern nun wieder die Zuschauer in Padua und füllen die 700 Plätze des Hauses.

Teatro Stabile del Veneto
Via dei Livello 32, Padua
Tel. 0039 041 240 20 11
www.teatrostabileveneto.it

Einige der rund 80 Villen sind mittlerweile verfallen, andere nur von außen zu besichtigen, bei wieder anderen ist jedoch auch eine Innenbesichtigung möglich. Zu den schönsten Villen an der Brenta gehört die **Villa Pisani** in Stra, 10 km östl. von Padua. Die fünfflügelige schlossähnliche Anlage wurde 1721–1756 errichtet und hatte damals 114 Zimmer. Der zugehörige Park gilt als

Castello Carrarese in Este.

einer der schönsten Italiens (Mitte März–Sept. Di.–So. 9.00–20.00, im Winterhalbjahr bis 17.00 bzw. 18.00 Uhr, 10 Euro, www.rivieradelbrenta.biz/de/venezianischen_villen/villa_pisani2.htm). Die Villa Contarini dei Leoni in **Mira**, dem Hauptort am Brenta-Kanal, beherbergt die Stadtbibliothek. Fresken von Michelangelo Schiavoni birgt die Villa Barchessa Valmarana. Ihr gegenüber steht die **Villa Widmann**. Hier finden regelmäßig Kunstausstellungen und andere Veranstaltungen statt (Di.–So. 10.00–18.00 bzw. 17.00 Uhr im Winter, 5 Euro). In Malcontenta baute Palladio 1550 bis 1560 die Villa Foscari, auch La Malcontenta genannt. Am schönsten ist es, die Villen an der Brenta per Boot anzusteuern (siehe S. 115).

INFORMATION
Ufficio Turismo IAT
Piazzetta Cappellato Pedrocchi und
Piazzale della Stazione (Bahnhof)
Tel. 0039 049 520 74 15
www.turismopadova.it

Bereits die Römer nutzten die Fons Aponi, die warmen Quellen des Gottes, der den Schmerz nimmt. Ihm verdankt das Thermalstädtchen (20 000 Einw.) am Saum der Euganeischen Hügel seinen Namen. Zur Zeit der Habsburger kurte hier erstmals ein internationales Publikum.

SEHENSWERT
Begonnen hat Abanos Thermalgeschichte auf dem kleinen Hügel **Montirone**. Hinter dem Säulenportal zu dem heute öffentlichen Parkgelände lassen sich u.a. noch alte Steinbecken entdecken, in die früher das 80° C heiße Thermalwasser sprudelte. Auch die **Pinacoteca Civica** (Di. bis So. 10.00–12.00 und 15.00–18.00 Uhr, Eintritt frei) mit Werken vor allem der Sammlung Bassi Rathgeb (etwa von Tiepolo und Longhi) ist hier untergebracht. Die **Villa Bassi Rathgeb** (16. Jh., Via Appia Monterosso 52, www.museovillabassiabano.it Do–Sa. 16.00– 20.00, So. 10.00–13.00 u. 16.00–20.00 Uhr, 7 Euro) ist heute Museum und Ausstellungsort. Die **Villa Savioli** birgt das Internationale Maskenmuseum (Via Savioli 2, www.sartorimaskmuseum.it, 2. Mai–30. Sept. Di. 9.00 bis 13.30, Mi. u. Fr. 9.00–13.00 u. 14.30–18.00, So. 17.00–20.00, 1. Okt.–30. April Di. 9.00–13.30, Mi. u. Fr. 9.00–13.00 u. 14.30–18.00, So. 14.00–17.00 Uhr, 7 Euro). An der von Cafés und Boutiquen gesäumten Fußgängerzone **Via delle Terme** stehen noch historische Grandhotels wie das (geschlossene) Orlogico (18. Jh.) oder das sanierte Grandhotel Trieste & Victoria von 1912 (www.gbhotels abano.it).

ÜBERNACHTEN
Wellnesseinrichtungen mit Außen- und Farblicht-Sensory-Pools ergänzen das moderne Zimmerangebot des **€€–€€€ Panoramic Hotel Plaza** (Piazza della Repubblica 23, Tel. 0039 049 866 93 33, https://plaza.it, Abb. S. 113).

RESTAURANT
Venetische Küche mit frischen Produkten der Region serviert **€€–€€€ La Villetta da Roberto** (Via Roveri 30, Tel. 0039 049 81 24 73, www.lavilletadaroberto.it).

UMGEBUNG
Thermal- und Wellnessangebote locken auch in den euganeischen Thermenorten **Montegrotto** (5 km südl.), **Battaglia** (9 km südl.) und **Galzignano** (10 km südw.). 4 km westl. von Abano Terme liegt die **Abbazia di Praglia**, die auf eine im 11. Jh. gegründete Benediktinerabtei zurückgeht (siehe Special S. 108).
Südwestlich von Abano Terme erstreckt sich der Naturpark **Colli Euganei**. Es ist ein schönes Wandergebiet – rund 15 Rundwanderwege unterschiedlicher Länge sind ausgeschildert (Infos bei der Touristinformation von Abano Terme), aber auch ambitionierte Radfahrer schätzen die liebliche Hügellandschaft. Höchste Erhebung der Euganeischen Hügel ist der Monte Venda (601 m), er ist ebenso wie die anderen Kegelberge vulkanischen Ursprungs. ·

INFORMATION
I.A.T. Abano Terme, Via Pietro D'Abano 18
Tel. 0039 049 866 90 55
I.A.T. Montegrotto Terme, Viale Stazione 60
Tel. 0039 049 892 83 11
www.termeeuganee.it
www.visitabanomonte
grotto.com

Der kleine Ort Este am Rande der Euganeischen Hügel war ab ca. 1000 Stammsitz der Herrscher von Ferrara. Bis heute ist das Städtchen von einem ca. 1000 m langen zinnengekrönten Mauerring umgeben.

SEHENSWERT
Dominiert wird das Städtchen vom **Castello Carrarese**, dessen Beginn in das 12. Jh. zurückreicht, ihr heutiges Aussehen erhielt die Burg in der ersten Hälfte des 14. Jh.s.

MUSEUM
Im **Museo Nazionale Atestino** (Via Guido Negri, 9/c, Di.-Sa. 08.30-19.30, So. 14.30-19.30 Uhr, 5 Euro, www.atestino.beniculturali.it) sind ein etruskisches Grab und Funde aus der Eisenzeit zu besichtigen, die zu den wichtigsten in ganz Italien zählen.

UMGEBUNG
Das 15 km westlich gelegene **Montagnana** umschließt ein 2 km langer Mauerring mit 24 Türmen. Der Palazzo del Municipio stammt von Sanmicheli (1538), der Palazzo Pisani von Palladio (1560). Zur Feier der Vertreibung des Tyrannen Ezzelino findet am ersten Sonntag im September der Palio dei dieci comuni statt, ein Pferderennen um die Stadtmauer. In dem mittelalterlichen Bergdorf **Arquà Petrarca** (8 km nordöstl. von Este) inmitten der Colli Euganei verbrachte der Dichter Francesco Petrarca (1304–1374) seine letzten Jahre. Petrarca verließ die Serenissima regelmäßig, um im Thermalwasser Abanos (www.visitabanomontegrotto.com/de/) seine Gicht zu kurieren. Ein wenig erkundete der weitgereiste große Dichter bei diesen Aufenthalten auch die Gegend. Im mittelalterlichen Dorf Arquà gefiel es ihm so gut, dass er beschloss, hier »in einem lieblichen kleinen Haus, das von einem Olivenhain und einem Weinberg umgeben ist«, die letzten Jahre seines Lebens zu verbringen – »jenseits aller Tumulte, allen Lärms und aller Obliegenheiten«. Nur beschäftigt mit »dauerndem Lesen und Schreiben«. Sein Domizil, das ihm

SPORT UND WELLNESS

Die mehr als 100 Hotels in Abano Terme haben praktisch alle eigene Kuranlagen. Das Hotel Terme Metropole bietet alle erdenklichen Fango-Anwendungen sowie moderne asiatische Spa-Programme. Bestechend bei diesem Haus sind die drei Thermalschwimmbäder im großen Park, zu denen sich ein großes Sportbecken gesellt. Ein Thermalhallenbad sowie verschiedene Saunen ergänzen das Wellnessangebot.

Hotel Terme Metropol
Via Valerio Flacco 99, Abano Terme
Tel. 0039 049 861 91 00
www.gbhotelsabano.it

Eingebettet in die Euganeischen Hügel: Der hübsche Ort Arquà Petrarca.

wohl der damalige Signore von Padua, Francesco Carrara d. Ä., zum Geschenk gemacht hatte, ist bis heute erhalten. Ursprünglich stammt das Gebäude aus dem 13. Jh., die Außentreppe und die Loggia wurden im 16. Jh. angebaut. Damals entstanden auch die von Petracas Werken inspirierten Fresken in einigen Räumen (Di.–So. 10.00–12.30 und 15.30–19.00, im Winter 9.00–12.30 und 14.30–17.30 Uhr, 5 Euro).

ROVIGO

Bereits im 9. Jh wird das in der fruchtbaren Ebene des Polesine gelegene, einst komplett ummauerte Städtchen (50 000 Einw.), erstmals erwähnt. Sein historischer Kern birgt einige Überraschungen.

SEHENSWERT

Herzstück der Altstadt ist die **Piazza Vittorio Emanuele II.** mit ihren Cafés und dem venezianischen Löwen auf einer Säule in ihrer Mitte. Gesäumt wird der Platz vom Rathaus samt Uhrturm, der Loggia dei Notari (15. Jh.) und der Accademia dei Concordi (16. Jh.). Blickfang auf der Piazza XX Settembra ist die achteckige Kirche **Beata Vergine del Soccorso** (La Rotonda), erbaut von Francesco Zamberlan, einem Schüler Palladios. Nur noch der Umriss blieb indes von der kleinen **Chiesa Santa Giustina** (12. Jh.); sie wurde 1806 abgerissen und durch die heute geschäftige Piazza Garibaldi ersetzt, nachdem man die nahe Kirche **Santo Stefano** (17./18. Jh.) zum Dom erhoben hatte. Die **Torre Donà** im Stadtpark gehörte zur um 920 gebauten Burg.

MUSEEN

Im **Palazzo Roverella** zeigt die Pinakothek eine beachtliche Kunstsammlung, mit Werken u.a. von Bellini, Tiepolo und Nogaro. Zudem werden hier hochkarätige Sonderausstellungen präsentiert (Via Giuseppe Laurenti 8/10, www.palazzoroverella.com, Mo.–Do. 9.00–19.00, Fr.–So. bis 20.00 Uhr, 10 Euro). Im ehemaligen Kloster der Olivetani (12.–17. Jh.) ist das **Museo dei Grandi Fiumi** (Piazza S. Bartolomeo 18, www.comune.rovigo.it/museograndifiumit, Di.–So. 10.00–13.00 Uhr) untergebracht. Es birgt bedeutende Funde aus der Bronzezeit bis zur Renaissance in der Schwemmland-Region zwischen Etsch und Po.

INFORMATION

IAT Tourist Info
Piazza Vittorio Emanuele II 2
Rovigo, Tel. 0039 042 520 62 06
www.comune.rovigo.it

FLUSSFAHRT MIT ÜBERRASCHUNGEN

Schon im Mittelalter grub man erste Kanäle in Paduas Umgebung, darunter 1209 den Piovego: als Verbindung zum Brenta-Fluss nahe Stra. Von dort mäandert der natürliche Naviglio di Brenta dann weiter in Richtung Venedig.

Kanal und Flussarm folgen wir an diesem frühen Morgen auf der modernen Variante der historischen burichelli – flache Boote mit großer Kabine, auf denen wohlhabende Venezianer einst zu ihren Landsitzen reisten. Unser Schiff hat ein Freiluftdeck und ankert an Paduas Portella, einer Monumentaltreppe, die seit jeher als Flusshafen dient. Kapitän Luigi begrüßt alle an Bord; dann hat Silvia das Wort. Sie weiß zu fast allem unterwegs etwas zu erzählen. Sogar über das Wasser selbst weiß sie zu plaudern: »Es sieht oft graubraun oder dunkelgrün aus, ist aber nicht verschmutzt. Daher wachsen an vielen Stellen auch gelbe Seerosen.«

Villen am Brenta-Kanal: Links die Villa Widmann und unten die Villa Pisani.

In Mira, wie zuvor schon in Stra, geht unser Schiff vor Anker, denn hier warten zwei der berühmten Villen der Riviera della Brenta: Pisani, mit einem Park und hochherrschaftlichen Gemächern. Widmann dann, deutlich kleiner, aber prächtig ausgemalt. Eine reizvolle Minikreuzfahrt mit vielen Überraschungen …

Route und Preis: Die Touren starten Mi. und Fr.–So. von Paduas Hafen Portello. Die Halbtagesfahrt von Padua nach Origa kostet 70 Euro, die Tagestour von Padua nach Venedig 99 Euro. Buchung www.ilburchiello.it

Bike & Boat Tour: Eine spezielle Tour mit Schiff und Fahrrad hat Delta-Tour im Programm (www.deltatour.it).

HIFLREICH & NÜTZLICH

Praktische Informationen für die Reise und einiges Wissenswerte über Venetien haben wir hier für Sie zusammengestellt.

Die Boote von Alilaguna verbinden Flughafen, Piazza San Marco, Lido und weitere Inseln.

ANREISE

Mit dem Auto: Für Fahrten ins Veneto empfiehlt sich die Strecke über Innsbruck und den Brennerpass. Italiens Autobahnen sind gebührenpflichtig; man fährt hier (ebenso wie auf Landstraßen) auch tagsüber mit Abblendlicht. Die Promillegrenze liegt bei 0,5 Prozent; Warnwesten sind Pflicht. Wer mit dem Auto nach Venedig anreist, kommt über den knapp 4 km langen Ponte della Libertà in die Stadt, dort gibt es ein großes Parkhaus am Piazzale Roma, das allerdings häufig überfüllt ist. Weitere Parkhäuser sind auf der Insel Tronchetto. Am günstigsten parkt man in Fusina auf dem Festland, von hier aus fahren Boote ca. zwei- bis dreimal stündlich in Venedigs Zentrum.

Mit der Bahn: Von München aus bestehen zwischen Mai und Oktober tgl. Direktverbindungen nach Venedig mit Zwischenhalt in Verona, Vicenza und Padua, von Zürich aus täglich. Aus Wien verkehrt Do.–So. ein- bis zweimal tgl. ein Direktzug bis Venedig. Die Stazione di Venezia Santa Lucia ist über einen Damm mit dem Festland verbunden. Direkt vor der Bahnhofshalle führen Stufen zum Vaporetto-Anleger hinunter.

Mit dem Flugzeug: Der Aeroporto di Venezia Marco Polo liegt 10 km entfernt in Tessera auf dem Festland, am Nordrand der Lagune. Ihn steuern Linien- und Lowcoast-Carrier wie Lufthansa und Air Dolomiti an. Ryanair fliegt zwischen Köln und Treviso. Vom Flughafen fahren die Boote von Alilaguna (www.alilaguna.it/de) stündlich ins Zentrum, die Fahrzeit liegt zwischen 75 und 90 Minuten, der Preis für eine Einfachfahrkarte beträgt 15 Euro. Schneller und etwas preisgünstiger gelangt man mit Bussen in die Stadt (www.atvo.it). Die 20-minütige Busfahrt zur Piazzale Roma kostet 8 Euro.

AUSKUNFT

Internet: www.enit.it, www.italia.it/en

Deutschland:
Italienische Zentrale für Tourismus (ENIT)
Barckhausstraße 10
D-60325 Frankfurt

Österreich:
Mariahilfer Straße 1b/ Mezzanin – Top XVI
A-1060 Wien
Tel. 01 505 16 39

In Venedig:
IAT
Piazzale Roma
Tel. 0039 041 272 22 83
Tgl. 7.00–20.00 Uhr

ESSEN UND TRINKEN

Fisch spielt in Venedig und Venetien noch immer eine wichtige Rolle, wenngleich längst nicht alles, was in den Restaurants auf den Tisch kommt, in venezianischen Gewässern gefangen wurde. Aus heimischen Gewässern stammen vergleichsweise häufig Sardinen. Man isst sie hier eingelegt mit Pinienkernen, Rosinen und Zwiebeln. Beilage zu Fisch- und Fleischgerichten ist häufig Polenta, ein grobkörniger meist gelber Maisbrei, der heiß und cremig oder in Scheiben gebraten eine Speise ergänzt. Risotto wird in Venedig mit Meeresfrüchten oder Gemüse serviert. Traditionelle Pastagerichte sind »bigoli in salsa«, hausgemachte Spaghetti in Anchovis- oder Sardinensauce. Auf den Laguneninseln gedeiht köstliches Gemüse Radicchio, Artischocken oder Auberginen und Tomaten. Ein Hinweis für Schleckermäuler: im Veneto wurde das Tiramisu erfunden (s. S. 93). Gerne trifft man sich am Abend auf einen Aperitif, aber auch schon vorher genießen viele Venezianer eine »ombra«, einen Schluck Wein (0,1 l), zu dem häufig die venezianischen cicchetti serviert werden, kleine oft fantasievoll belegte (Brot)-Happen. Im Hinblick Wein dominieren in Venetien Valpolicella, Soave und Prosecco. Erst in den letzten Jahren hat der Amarone seinen Siegeszug angetreten (s. S. 80).

FEIERTAGE UND FESTE

Feiertage
1. Januar: Capodanno/Neujahrstag
6. Januar: Epifania /Heilige Drei Könige
Ostermontag: Pasquetta; Lunedi del Angelo (Venerdi Santo/Karfreitag)
25. April: Festa della Liberazione/Tag der Befreiung Italiens 1945
1. Mai: Festa del Lavoro/Tag der Arbeit
2. Juni: Festa della Repubblica/Tag der Republik, Nationalfeiertag

In Venedig haben alle großen Label ihre Boutiquen (hier Louis Vuitton).

15. August: Ferragosto/Mariä Himmelfahrt
1. November: Ognissanti /Allerheiligen
8. Dezember: Immacolata Concezione/Mariä Empfängnis
25. Dezember: Natale /Weihnachten
26. Dezember: Santo Stefano/ Stephanstag

Feste
Januar: Fest des Radicchio von Treviso
Februar/März: Karneval von Venedig
März/April: Traditionell ist die Karwoche vielerorts von Prozessionen geprägt.
San Marco/St. Markus – das Fest des Stadtpatrons wird am 25. April in Venedig begangen.
Mai/Juni: Festa della Sensa – Vermählung Venedigs mit dem Meer (Sonntag nach Himmelfahrt), Festival Klassischer Musik im Teatro Olimpico, Vicenza
Juni/Juli: Arena di Verona (Opernfestival), bis Sept., Festa del Redentore, Venedig (3. Sonntag im Juli)
August: Um den 15. August (Ferragosto) vielerorts Feuerwerk, Musik, Kulinarisches
September: Internationale Filmfestspiele auf dem Lido, Regata Storica auf Venedigs Canal Grande (1. Sept.-Sonntag), Partita degli Scacchi, Marostica. Schachspiel mit lebenden Figuren (alle geraden Jahre am 2. Sept.-Wochenende) Festa del Baccalà, Stockfischfestival in Sandrigo/Vicenza (Mitte Sept.)
Oktober: Sagra del Polpo in Padua (Tintenfischfest)
November/Dezember: Festa della Madonna della Salute (21. Nov., Venedig) mit einer Prozession wird an das Ende der Pestepidemie 1630 erinnert, Weihnachtsmärkte u.a. in Verona, Venedig, Cortina d'Ampezzo, Bassano del Grappa und Padua.

GELD

Landeswährung ist der Euro. Bank- und Kreditkarten sind überall gängige Zahlungsmittel. Sperrung von Handy, Bank- oder Kreditkarten

Zu Meeresfrüchten passt hervorragend ein Soave: hier im Ristorante Paradiso in Venedig (Castello).

bei Diebstahl oder Verlust: Tel. 0049 11 61 16, www.sperr-notruf.de.

GESUNDHEIT

Notfälle werden kostenlos in den Unfallambulanzen (pronto soccorso) der Krankenhäuser behandelt. Schnelle ärztliche Hilfe bekommt man unter der Euronotrufnummer 112. EU-Bürger mit einer europäischen Krankenversicherungskarte bezahlen nichts für einen Arztbesuch. Bei zahnärztlichen Behandlungen übernimmt die Krankenkasse die Kosten nur, wenn es sich wirklich um einen Notfall handelt. Apotheken heißen in Italien farmacia, sie sind mit einem grünen Kreuz gekennzeichnet. Nacht- und Notdienste sind an der Tür angeschrieben.

HOTELS

Ausgewählte Unterkünfte werden auf den Infoseiten der jeweiligen Kapitel und bei »Unseren Favoriten« vorgestellt. Das Angebot reicht vom Bett beim Winzer über B&Bs bis hin zu luxuriösen Hotels in historischen Palazzi und modernen Unterkünften in den Thermalorten. Die Preise differieren sehr stark. In Venedig und Cortina d'Ampezzo sind sie am höchsten. Rund um Feste und Feiertage werden meist

höhere Preise verlangt. Teuerster Reisemonat ist der August.
Jugendherbergen gibt es in Verona, Vicenza und Padua (www.ostellidellagioventu.com).

NOTRUF

Notarzt, Polizei, Rettungswagen: 112 (europäische Notfallrufnummer, auch Bergrettung)
Feuerwehr: Vigili del fuoco 115
Medizinischer Notdienst: 118
Pannenhilfe: (Soccorso Stradal) 116 oder 80 31 16

ÖFFNUNGSZEITEN

Banken: Mo.–Fr. 8.30–13.30, 14.15–15.45 Uhr
Postämter: Mo.–Fr. 8.15–13.30, Sa. bis 12.00
Geschäfte: Mo.–Fr. 9.00–12.30, 15.30–19.30 Uhr. In vielen Orten haben die Geschäfte in den Fußgängerzonen bis 22.00 Uhr geöffnet. Lebensmittelläden öffnen auch am Sonntagvormittag. Restaurants bleiben am Nachmittag meist geschlossen.

POST

Italien hat ein kompliziertes System der Frankierung: Es wird zwischen In- und Ausland sowie der Zustellsicherheit und -schnelligkeit unterschieden. Briefmarken (francobolli) gibt es auf der Post oder in Tabak-/Zeitungsläden (tabacchi). Standardpostkarte ins Ausland: 1,30 Euro.

REISEZEIT

In den Belluneser Dolomiten oder um Cortina d'Ampezzo kommen Wintersportfans meist bis in den März hinein noch gut auf ihre Kosten. Die Poebene mit Verona, Vicenza, Padua und Abano Terme ist im Winter verhältnismäßig mild, im Sommer jedoch oft schwülwarm bis heiß. Ähnliches gilt für die Küstenregion (Venedig, Lido di Jesolo, Chioggia). In den Weinregionen zeichnet vor allem der Herbst ein schönes Landschaftsbild. Seine Monate ebenso wie die des Frühlings sind ideal zum Wandern und Biken.

RESTAURANTS

Restaurantempfehlungen finden Sie auf den Infoseiten der Städte und Regionen.
Im Restaurant zu essen, ist in Italien nicht gerade preiswert, sofern man sich nicht nur an eine Pizza hält. Die gibt es meistens ab 9 Euro, Pastagerichte beginnen häufig bei 14 Euro, hausgemachte frische Pasta kostet etwas mehr. Fisch vom Grill, wenn er nicht tiefgefroren ist, ist nicht unter 25 Euro zu haben. Das kleine Glas Wein am Tresen kostet ca. 3 Euro, eine große Flasche Mineralwasser ist ab 4 Euro zu haben. Für Pane e

DATEN & FAKTEN

Geografie: Venetien (offiziell: Regione del Veneto) umfasst knapp 18 500 km² und ist damit die achtgrößte der zwanzig Regionen Italiens. Ihr nördlichster Zipfel erreicht fast die Pfannspitze an der Grenze zu Österreich, ihr südlichster liegt im Naturpark des Podeltas. Hier ist das Veneto weitgehend flach und von weiteren Flüssen (Etsch, Brenta, Piave, Tagliamento, Isonzo) durchzogen. Nach Norden hin schließt sich eine Hügellandschaft an, diese wiederum wird noch weiter im Norden von voralpinen Hochebenen und alpinen Zonen wie den Belluneser Dolomiten abgelöst.
Politik: Jahrzehnte Hochburg der Christdemokraten, wird das Veneto inzwischen von Mitte-Rechts-Bündnissen regiert. Separatistische Tendenzen in der Region haben deutlich zugenommen.
Bevölkerung und Sprache: Bis zu Beginn der 1970er-Jahre war Venetien arm. Millionen Menschen waren in den Jahrzehnten zuvor zur Auswanderung gezwungen. Von den heute etwa 5 Mio. Bewohnern des Veneto sprechen gut 2 Mio. Venetisch. Da der Dialekt sich deutlich vom Standard-Italienisch unterscheidet, wird er oft als eigene – von der UNESCO inzwischen als gefährdet eingestufte – Sprache angesehen.
Religion: Venetien gilt vielen noch immer als kulturell homogene, katholische Region. Die Präsenz anderer Glaubensgemeinschaften nimmt jedoch auch hier zu.
Wirtschaft: Heute lebt Venedig – und in geringerem Maß auch Venetien – vom Massentourismus. Im Jahr 2023 verzeichnete die Lagunenstadt mit rund 5,7 Millionen Touristenankünften einen neuen Rekordwert nach dem historischen Einbruch in den Corona-Jahren 2020/2021. Daneben prägen Ölraffinerien, Chemie- und Textilindustrie sowie Landwirtschaft die Region.

coperto (Brot und Gedeck) werden in der Regel 5 Euro pro Person berechnet. Am günstigsten ist es in Pizzerien, Trattorien bereiten einfache Gerichte auf besserem Niveau, sind aber teurer. Je hochpreisiger ein Restaurant, desto dringender sollte man Plätze reservieren.

Ein schönes Mitbringsel: von Hand gefertigte Masken (Mascareta, Calle del Trentor, San Polo)

Die Restaurantküchen servieren meist von 12.00 bis 15.00 und von 19.00 bis 22.00 Uhr warmes Essen. Im Hochsommer auch länger.
Unüblich ist es in Italien, sich in einem Restaurant einfach an einen freien Tisch zu setzen, geschweige denn, sich zu anderen hinzuzusetzen. Man wartet auf einen Kellner, der einem die freien Tische zeigt.

SPORT

Golf: Im Veneto gibt es 43 Golfplätze, die zu den besten Italiens gehören. Selbst auf dem Lido von Venedig kann man Golf spielen – auf dem Circolo Golf Venezia (18 Löcher, 6031 m, www.circolo golfvenezia.it).
Radfahren: Für Mountainbiker sind die nördlichen Regionen des Veneto ein ideales Revier – Hügel oder Berge, alles ist geboten. Der Rest der Region ist vor allem ein Paradies für Rennradfahrer. Jedenfalls macht es den Eindruck, wenn man auch nur irgendwo abseits der Autobahnen unterwegs ist. Radfahrer überall. Wer selbst aufs Rad steigen möchte: sollte nicht vergessen, Helme sind für Kinder bis 14 Jahre Pflicht!
Wandern: Für Wanderungen, aber auch zum Bergsteigen und Klettern bieten sich natürlich besonders die Dolomiten an.
Wintersport: Cortina d'Ampezzo, 1956 Austragungsort der ersten Olympischen Winterspiele in Italien, ist einer der nobelsten Wintersportorte der Alpen und weltweit bekannt.

TELEFON

Nach Italien telefonieren: 0039 + Vorwahl (beginnend mit 0) + Teilnehmernummer
Nach Deutschland telefonieren: 0049 + Ortskennziffer ohne 0 + Teilnehmernummer
Die **Vorwahlen** sind in Italien fester Bestandteil der Telefonnummer. Deshalb müssen sie auch bei Ortsgesprächen immer mitgewählt werden. Telefonzellen gibt es fast nicht mehr – falls doch, funktionieren sie nicht mit Münzen.

WELLNESS

In der Thermenregion der Euganeischen Hügel bieten mehrere Kurorte Spa-Einrichtungen. Deren Wellness-Angebote locken auch

WETTERDATEN

	TAGES-TEMP. MAX.	TAGES-TEMP. MIN.	TAGE MIT NIEDER-SCHLAG	SONNEN-STUNDEN PRO TAG
Januar	6°	1°	7	3
Februar	8°	2°	6	4
März	12°	5°	7	5
April	16°	10°	8	7
Mai	21°	14°	8	7
Juni	25°	17°	9	8
Juli	28°	20°	6	9
August	27°	19°	7	8
September	24°	17°	5	7
Oktober	18°	12°	6	6
November	12°	7°	8	3
Dezember	7°	3°	6	3

viele gesunde Gäste, die nur Erholung suchen, nach Abano Terme, Mottegrotto Terme, Battaglia Terme oder Galzignano Terme.

ZOLL

Im privaten Reiseverkehr innerhalb der EU dürfen Waren zum eigenen Verbrauch (fast) unbegrenzt mitgeführt werden (es gelten lediglich gewisse Höchstmengen, z.B. 800 Zigaretten und 90 l Wein). Für mitgeführte Waren aus einem Nicht-EU-Land wie der Schweiz können Waren bis 300 Euro pro Person, unter 15 Jahre 150 Euro abgabenfrei mitgeführt werden; bei Luft- oder Seereise ist die Höchstmenge 430 Euro.

GESCHICHTE

191 v. Chr.: Oberitalien wird römische Provinz (Gallia Cisalpina).
59–49 v. Chr.: Gaius Julius Caesar ist Statthalter von Gallia Cisalpina. Verona entwickelt sich zu einem bedeutenden Zentrum.
4. Jh.: Vorangetrieben durch den Mailänder Bischof Ambrosius breitet sich das Christentum im südlichen Alpenraum aus.
395: Nach der Teilung des Römischen Reiches fällt Norditalien Westrom zu.
5. März 421: Der Legende nach wird Venedig von Bewohnern anderer Städte gegründet.
568–774: Die Langobarden herrschen in Oberitalien.
697: Venedig wählt einen Dogen als Oberhaupt.
830: Baubeginn der Basilica di San Marco.
Bis 951: Karolinger und einheimische Fürsten ringen um die Macht in Oberitalien.
1000: Unter dem Dogen Pietro Orseolo besiegen die Venezianer Istrien und Dalmatien.

Das begründet ihre jahrhundertelange Herrschaft an der Küste.
1099: Die Kreuzfahrer nehmen Jerusalem ein. Somit erstreckt sich das Handelsgebiet Venedigs bis ins Heilige Land.
ab 13. Jh.: Die Blütezeit Venedigs beginnt.
1260–1387: Die kaisertreuen Scaligeri (Skaliger) herrschen in Verona.
1348: Erdbeben und Schwarze Pest setzen Venedig zu.
14./15. Jh.: Die Mailänder Visconti gewinnen die Herrschaft über Verona. Venedig breitet sich im Hinterland aus und dehnt seinen Machtbereich bis Bergamo aus.
ab 17. Jh.: Venedig verliert an Einfluss und muss viele Gebiete an die Türkei und auch an Österreich abgeben.
1796: Napoleon erobert die Lombardei und Venetien.
1821–1861: Zeit des Risorgimento, der Freiheitsbewegung zur Einigung Italiens.

1866: Österreich muss die Lombardei und Venetien an das im Jahr 1861 gegründete Königreich Italien abtreten.
1946: Die italienische Republik wird proklamiert.
1987: Venedig und seine Lagune werden Welterbe, 1994 folgen Vicenza und die Villen Palladios, 1997 der Botanische Garten von Padua, 2000 Verona, 2009 die Dolomiten und 2021 Paduas Fresken.
2020/2021: Nach einer Testphase im Jahr 2020 schützt das Sturmflutsperrwerk MO.S.E seit 2021 Venedig vor Hochwasser (Acqua alta).
2021: Venedig feiert sein 1600-jähriges Bestehen. Große Kreuzfahrtschiffe dürfen künftig nur noch in Maghera ankern. Die Corona-Jahre 2020 und 2021 bedeuteten für die Lagunenstadt einen herben Einbruch im Tourismus.
2024: Nach der Testphase ist es nun beschlossen: Tagestouristen bezahlen zukünftig Eintritt in die Altstadt von Venedig.

REGISTER

Fette Ziffern verweisen auf Seiten, auf denen (auch) Abbildungen stehen.

IMPRESSUM

DuMont Bildatlas Venedig, Venetien, 2. Auflage 2025
ISBN 978-3-616-01253-7
© MAIRDUMONT, Marco-Polo-Str. 1, 73760 Ostfildern

Redaktion: Robert Fischer
Text: Rita Henss
Aktualisierung 2025: Barbara Schaefer
Exklusiv-Fotografie: Toni Anzenberger
Titelbild: Blick von der Piazza San Marco auf die Isola di San Giorgio Maggiore
Zusätzliches Bildmaterial: Matteo de Mayda/Contrasto/laif S. 34, S. 35 oben, Manuel Silvestri/Polaris/laif S. 35 unten
Grafische Konzeption: CYCLUS · Visuelle Kommunikation, Stuttgart
Illustration: Grazyna Ostrowska-Henschel S. 6, 20, 96, 110
Kartografie: © KOMPASS-Karten GmbH, A-6020 Innsbruck; MAIRDUMONT, D-73751 Ostfildern
Reproduktionen: PPP Pre Print Partner, GmbH & Co. KG, Köln

Lob oder Kritik? Wir freuen uns auf eine Nachricht! Trotz gründlicher Recherche schleichen sich manchmal Fehler ein. Wir bitten um Verständnis, dass der Verlag dafür keine Haftung übernehmen kann.
Redaktion DuMont Reise · MAIRDUMONT · info@dumontreise.de

Anzeigenvermarktung: MAIRDUMONT MEDIA, Tel. 0711/4502-0, Fax 0711/4502-1012, media@mairdumont.com, http://media.mairdumont.com.
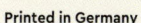

Printed in Germany

FSC
www.fsc.org
MIX
Papier | Fördert
gute Waldnutzung
FSC® C155291

Urlaub erinnern ...

Ein Stück Venedig oder Venetien mit nach Hause nehmen zu können, verlängert die Reisefreude. Die Auswahl ist groß, der Koffer immer zu klein. Dennoch muss Bestimmtes mit.

STARS UND STERNCHEN

Nein, ich hatte keine Karte für das Filmfestival am Lido. Sondern spazierte vom Strand auf den Lungomare Marconi und bewunderte mit den Einheimischen die dortigen Szenerien: Damen in schönen oder schrägen Roben vor dem Grand Hotel, aufgeregte Fotografen, scheinbar wichtige Paare, die zum roten Teppich hinter dem Sichtschutz drängten ... Filmreif! Und ein tolles Erlebnis!

DESTILLIERTES WISSEN

Grappa verband ich im Veneto bislang stets mit dem Ort Bassano. Nun erfuhr ich, dass der Namenszusatz vom nahen Monte Grappa herrührt. Und guten Grappa gibt es natürlich auch andernorts, z.B. bei der Familie Schiavo in Costabissara (bei Vicenza). Deren Erzeugnisse habe ich probiert und dann sehr gern gekauft (https://www.schiavograppa.com).

STOFFINSPIRATION

Mehr als 10 000 Weber zählte Venedig im 16. Jh. Heute setzen diese Tradition nur noch wenige Hände fort. Bei Bevilacqua etwa. Hier entstehen kunstvolle Stoffe für Wände und Sitzmöbel, Handtaschen und Kissen. Ein kleiner quadratischer Kissenbezug in Grün und Koralle mit stilisierter Tulpe ließ mein Herz sofort höher schlagen ... (https://www.luigi-bevilacqua.com).

BISCOTTI & CO.

Biscotti, bruschette, pan del doge ... Mauro Bruscagnin fertigt nach traditionellen Rezepten köstliches süßes oder auch salziges Gebäck. Immer wenn ich Venedig wieder verlasse, kaufe ich bei ihm ein. Die »Kekse« sind einfach ein zu köstliches Mitbringsel. Für das erste Abendessen zu Hause nehme ich meist auch ein frisches Brot mit, immerhin entstehen in der kleinen Bäckerei 50 verschiedene Sorten (El Forner de Canton, zwischen Rialtobrücke und Fischmarkt).

ZUNGENBRECHER UND GAUMENKITZEL

Beim Abendbummel über Abanos Viale delle Terme entdeckte ich sie wieder – frisch geerntet in einem Korb und eingelegt im Glas: jene Giuggiole, die ich im Spritz Euganeo kennengelernt hatte. Ursprünglich in China beheimatet, zählt die rote Dattel seit langem zu den typischen Gewächsen der Euganeischen Hügel.

KULISSENBLICK

In Veronas Arena braucht es weder eine Führung noch eine besondere Erlaubnis der Intendanz, um sich die Bühnendekoration nicht nur während der Vorstellung anzuschauen. Denn Teile der Kulissen, die gerade nicht im Einsatz sind, werden ganz einfach im breiten offenen Umgang des antiken Theaters gelagert – man kann also einfach daran vorbeispazieren und an vergangene Aufführungen denken.

GEMÜSERARITÄT

Auf Frankfurter Biomärkten hatte ich sie – versehen mit dem Vermerk »Rarität« – schon gesehen: Ringelbete, außen hellrot und innen rotweiß gestreift. Nun weiß ich, dass die dekorativen »Runden« (ital. tonda) ursprünglich aus der traditionsreichen Gemüseanbaugegend um Chioggia stammen – wie auch eine Radicchio-Sorte (La rosa di Chioggia) und eine Muskatkürbisvariante (Marina di Chioggia).

POLENTA E BACALÀ

Sièra Vitoria, Ende des 19. Jh.s Trattoria-Wirtin in Vicenza, gilt als Erfinderin des Rezepts Stockfisch mit Polenta. Getrockneter, zwei Tage gewässerter und entgräteter Kabeljau wird dazu kleingeschnitten, kurz gemehlt und in einem Topf mit Olivenöl leicht angebraten. Dann mit Milch bedecken, mit zwei Lorbeerblättern und reichlich Wacholderbeeren würzen und etwa drei Stunden köcheln. Guten Appetit!

»WENN ICH NICHT KÖNIG VON FRANKREICH WÄRE, WOLLTE ICH BÜRGER VON VENEDIG SEIN.«

rief Henri III. aus, als er im 16. Jh. zum ersten Mal die Lagunenstadt besuchte.

FUSSSCHMEICHLER

Die alte Dame auf dem Vaporetto trug sie ebenso wie zwei junge Frauen in der kleinen Weinbar: schlichte Slipper aus Samt, mal klassisch in Dunkelblau, mal in angesagtem Petrol und Violett. Friulane heißen die bequemen, rutschfesten, ursprünglich aus Stoffresten hergestellten Schuhe nach ihrer ursprünglichen Herkunft. Schon lange haben sie auch Venedig erobert – und mich auch. Man bekommt sie bei Piedàterre nahe der Rialtobrücke (https://piedaterrevenezia.com).

MALER-PERSPEKTIVE

Unvergesslich: der Zufallsblick auf die Staffelei eines jungen Hobbymalers an dem Sträßchen durch die Rebhügel von Conegliano, welche wir nun doppelt sahen: wahrhaftig in der Ferne und naturgetreu nachempfunden auf der kleinen Leinwand.

KROATISCHE ADRIAKÜSTE

Eine herrliche Küste
Wir präsentieren alle Highlights und die schönsten versteckten Buchten zwischen Istrien und Süddalmatien.

Phönix aus der Asche?
Rijeka profitiert bis heute von den Kulturhauptstadtjahren 2020 und 2021.

Kleine Fluchten
Susak, Šolta, Iž oder Lopud – was das ist? Miniinselchen, auf denen man herrlich abschalten kann.

DUBAI, ABU DHABI

Mega-Architektur
Mit spektakulären Bauwerken will Dubai beeindrucken – Infos aus erster Hand von deutschen Architekten.

Die Outdoor-Destination
Wir stellen auch die kleinen Emirate vor. Ras al Khaimah hat sich als Outdoor-Destination positioniert.

1000 und eine Nacht
Oman ist ein Land der Kontraste, aber auch noch ein Stück authentisches Arabien.

www.dumontreise.de

LIEFERBARE AUSGABEN